Thorsten Lensing

Moselsteig

Entlang der Mosel von Perl nach Koblenz

24 Etappen

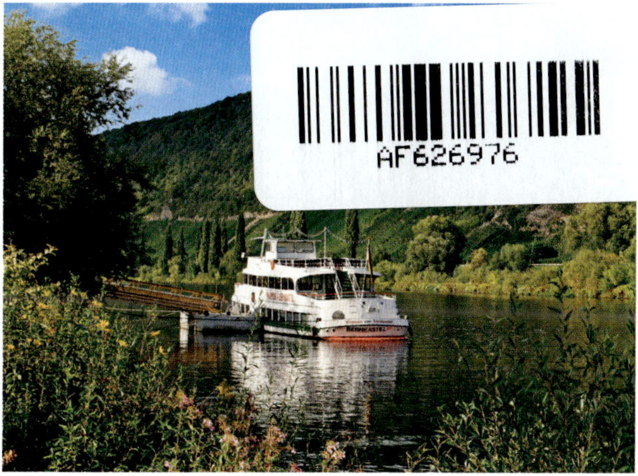

ROTHER BERGVERLAG

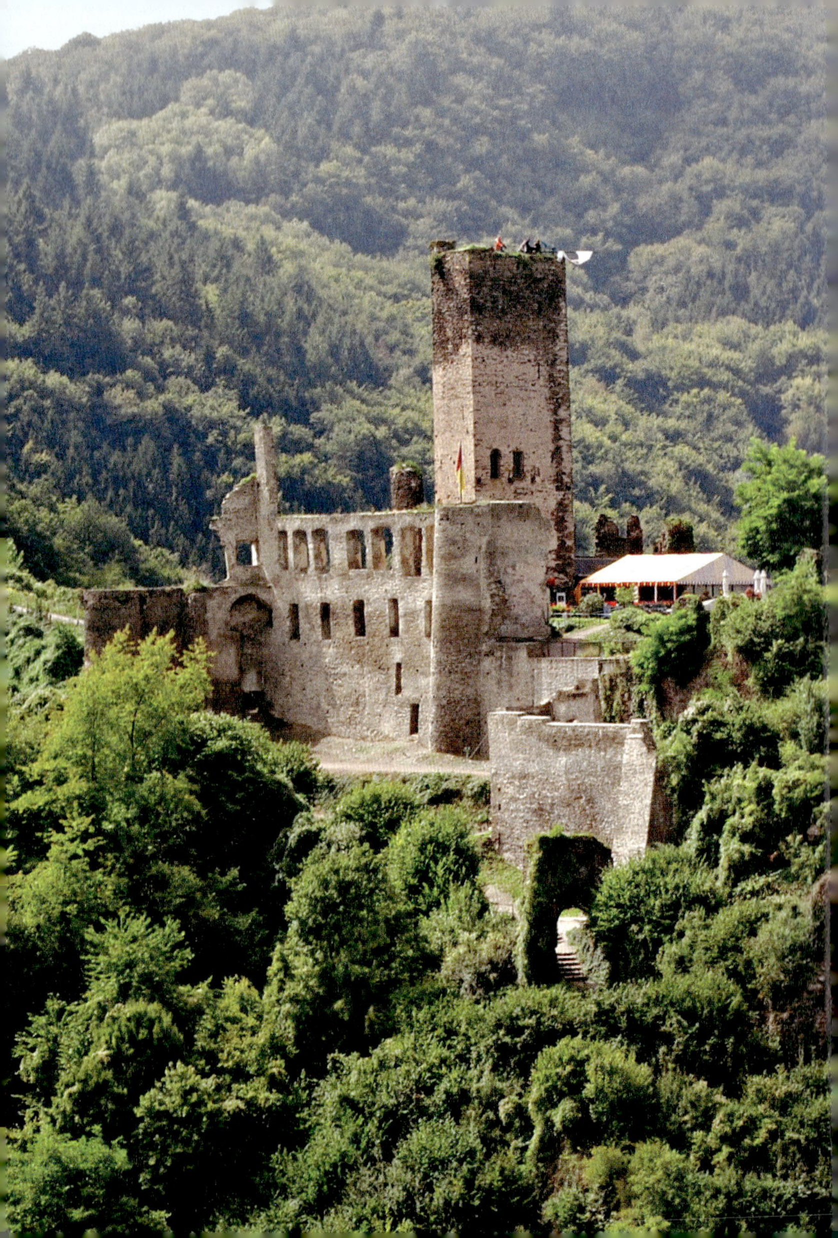

Vorwort

Seit vielen Jahren wandere ich an der Mosel und ich weiß noch ziemlich genau, wie sich ein überwältigendes Gefühl einstellte, als ich das Moseltal erstmalig bereiste. Es war eine dreistufige Entwicklung, die in dem Entschluss gipfelte, das Tal in seiner gesamten Länge zu durchwandern. Am Anfang war ein permanentes Staunen über die immer neuen, unglaublich intensiven Landschaftseindrücke während meiner Fahrt entlang der Mosel. Dann baute sich eine Spannung auf, in der Art, dass ich es kaum erwarten konnte, was sich wohl hinter der nächsten Biegung des Flusses befinden möge. Doch schon wenig später stellte sich die wehmütig bittere Erkenntnis ein, gar nicht alle Schönheiten dieser Landschaft auch nur halbwegs erfassen zu können. Jedenfalls nicht so, hinter dem Lenkrad, mit einer völlig unangemessenen Geschwindigkeit. Ganz langsam, aber immer deutlicher spürbar stieg der Wunsch in mir auf, zu verweilen, die Gegend genauer zu erkunden. Also wanderte ich auf dem Moselhöhenweg zunächst auf der Eifel-, dann auf der Hunsrückseite. Schon darüber habe ich einen Rother Wanderführer geschrieben.
Seit 2014 gibt es den Moselsteig, der auf den schönsten Wegen die prächtigsten Aussichtsplätze miteinander verbindet und das Moseltal mit allen Sinnen zu erfassen verspricht. Für mich hat dieser grandiose Wanderweg dieses Versprechen voll und ganz eingelöst!
Der vorliegende Wanderführer beschreibt den Moselsteig auf seinem Weg von Perl am Dreiländereck Frankreich – Luxemburg – Deutschland bis zum Deutschen Eck in Koblenz. Erleben Sie die exklusiven Höhepunkte des Mosellandes, aber nähern Sie sich ihnen mit der notwendigen Ruhe. Immer wieder ändern sich die Perspektiven auf den Fluss und in jedem Etappenort entdecken Sie neue Facetten des geschichtsträchtigen Lebens an der Mosel.
Ich danke dem Rother Bergverlag für die Realisierung dieses Buches und dem Lektorat für die sehr gute, konstruktive Zusammenarbeit. Bei der Ausfertigung der Wegbeschreibungen habe ich größtmögliche Sorgfalt walten lassen. Dennoch kann es im Laufe der Zeit immer wieder zu Veränderungen kommen. Ich bitte Sie daher, mich über Zuschriften an den Verlag darauf aufmerksam zu machen.

Bad Soden am Taunus, im Frühjahr 2024 — Dr. Thorsten Lensing

Die Burg Metternich beherbergt ein ausgezeichnetes Hotel-Restaurant (Etappe 17).

Inhaltsverzeichnis

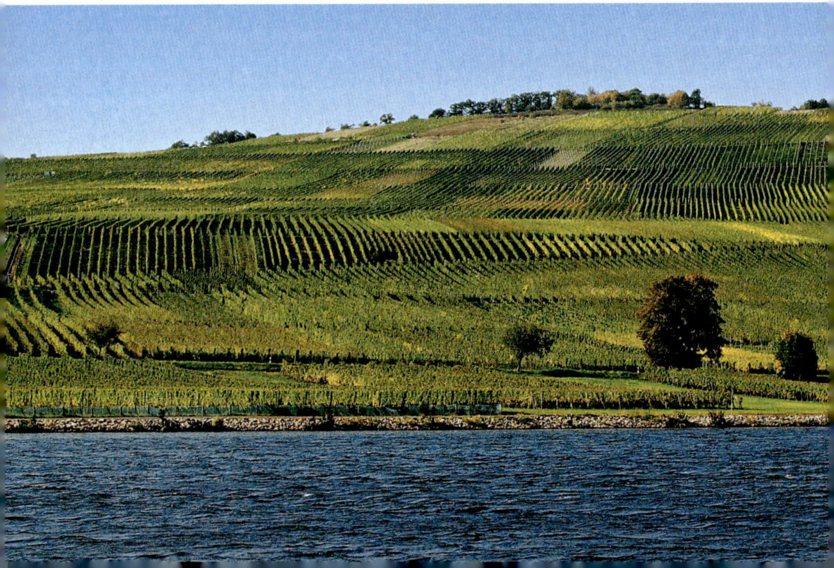

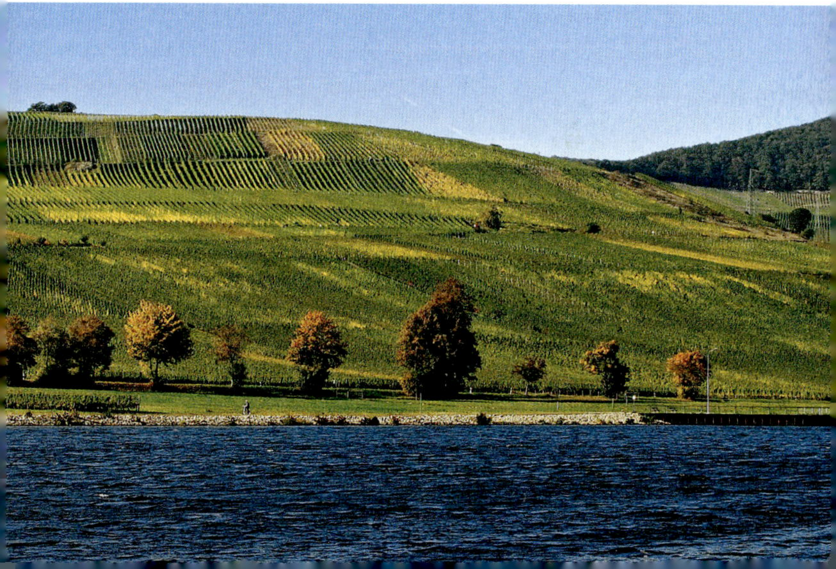

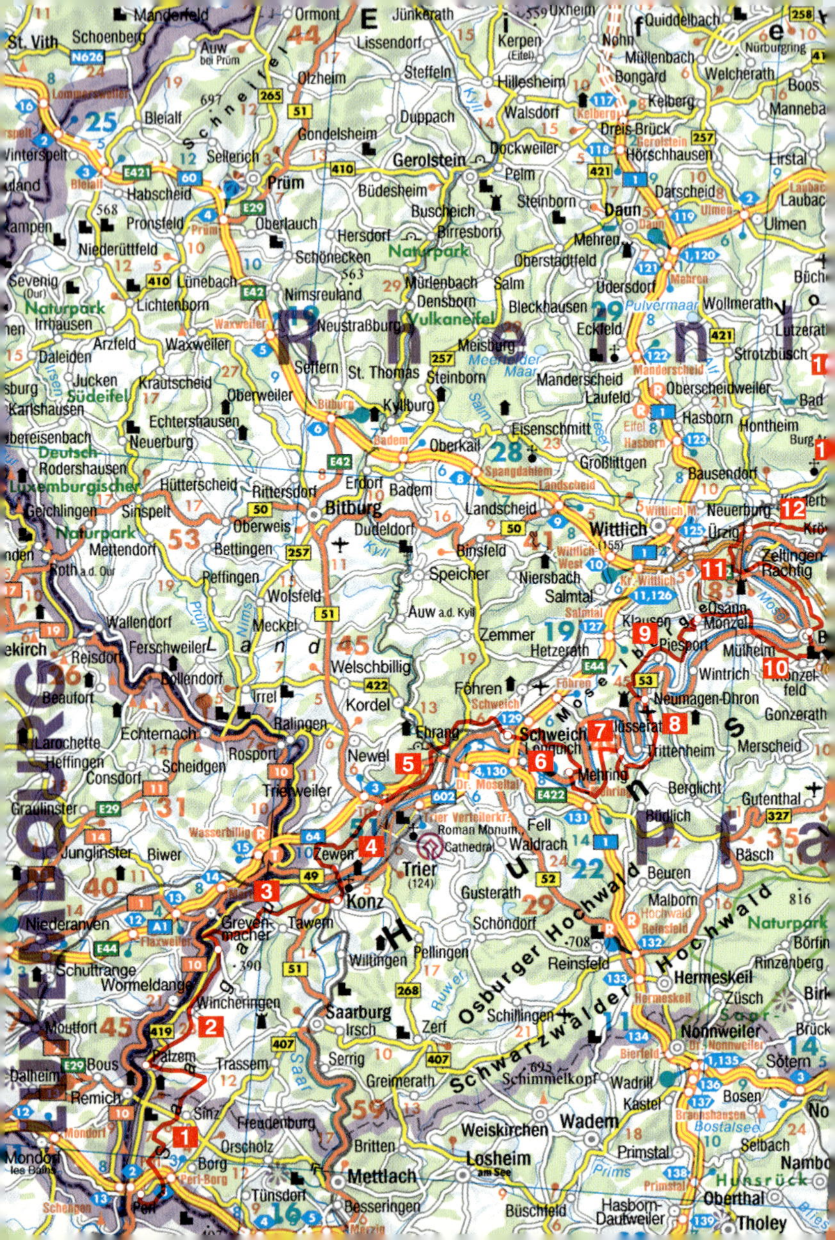

Manderfeld
St. Vith
Schoenberg
Auw bei Prüm
Ormont
Jünkerath
Lissendorf
Kerpen (Eifel)
Uxheim
Nohn
Quiddelbach
Nürburgring
Müllenbach
Bongard
Welcherath
Boos
Hillesheim
Olzheim
Steffeln
Bleialf
Schneifel
Duppach
Walsdorf
Kelberg
Dreis-Brück
Gondelsheim
Dockweiler
Gerolstein
Hörschhausen
Sellerich
Prüm
Büdesheim
Pelm
Darscheid
Laubach
Habscheid
Steinborn
Daun
Ulmen
Pronsfeld
Oberlauch
Buscheid
Birresborn
Mehren
Niederüttfeld
Hersdorf
Schönecken
Naturpark
Oberstadtfeld
Lünebach
Mürlenbach
Salm
Üdersdorf
Sevenig (Our)
Nimsreuland
Densborn
Vulkaneifel
Bleckhausen
Pulvermaar
Wollmerath
Naturpark
Lichtenborn
Irrhausen
Neustraßburg
Meisburg
Eckfeld
Lutzerath
Daleiden
Arzfeld
Waxweiler
Seffern
St. Thomas
Steinborn
Meerfelder Maar
Manderscheid
Strotzbüsch
Jucken
Südeifel
Krautscheid
Oberweiler
Kyllburg
Laufeld
Oberscheidweiler
Karlshausen
Echtershausen
Bitburg
Oberkail
Eisenschmitt
Hasborn
Hontheim
Neuerburg
Deutsch-
Luxemburgischer
Naturpark
Rodershausen
Großlittgen
Bausendorf
Hütterscheid
Rittersdorf
Erdorf
Badem
Spangdahlem
Landscheid
Geichlingen
Sinspelt
Oberweis
Bitburg
Landscheid
Wittlich
Neuerburg
Ürzig
Mettendorf
Bettingen
Dudeldorf
Binsfeld
Zeltingen-Rachtig
Roth a.d. Our
Peffingen
Speicher
Niersbach
Salmtal
Wolsfeld
Wallendorf
Meckel
Auw a.d. Kyll
Klausen
Osann-Monzel
Reisdorf
Ferschweiler
Zemmer
Hetzerath
Piesport
Mülheim
Wintrich
Monzelfeld
Beaufort
Bollendorf
Welschbillig
Föhren
Neumagen-Dhron
Gonzerath
Irrel
Kordel
Schweich
Echternach
Ralingen
Ehrang
Longuich
Trittenheim
Merscheid
Larochette
Heffingen
Rosport
Newel
Mehring
Consdorf
Scheidgen
Trierweiler
Berglicht
Gutenthal
Graulinster
Fell
Büdlich
Roman Monum.
Cathedral
Waldrach
Junglinster
Biwer
Wasserbillig
Zewen
Trier
Bäsch
Beuren
Konz
Gusterath
Malborn
Niederanven
Grevenmacher
Tawern
Schöndorf
Osburger Hochwald
Reinsfeld
Naturpark
Schuttrange
Wormeldange
Wiltingen
Pellingen
Hermeskeil
Rinzenberg
Börfink
Zusch
Hunsrück
Wincheringen
Saarburg
Schillingen
Schwarzwälder Hochwald
Moutfort
Irsch
Zerf
Nonnweiler
Bous
Palzem
Trassem
Serrig
Greimerath
Schimmelkopf
Wadrill
Sötern
Dalheim
Remich
Kastel
Bosen
Bostalsee
Sinz
Freudenburg
Weiskirchen
Wadern
Mondorf les Bains
Orscholz
Britten
Losheim am See
Primstal
Selbach
Borg
Mettlach
Tünsdorf
Besseringen
Büschfeld
Hasborn-Dautweiler
Oberthal
Tholey
Perl
Schengen
Mosel
Saar
Rheinland-Pfalz
LUXEMBOURG

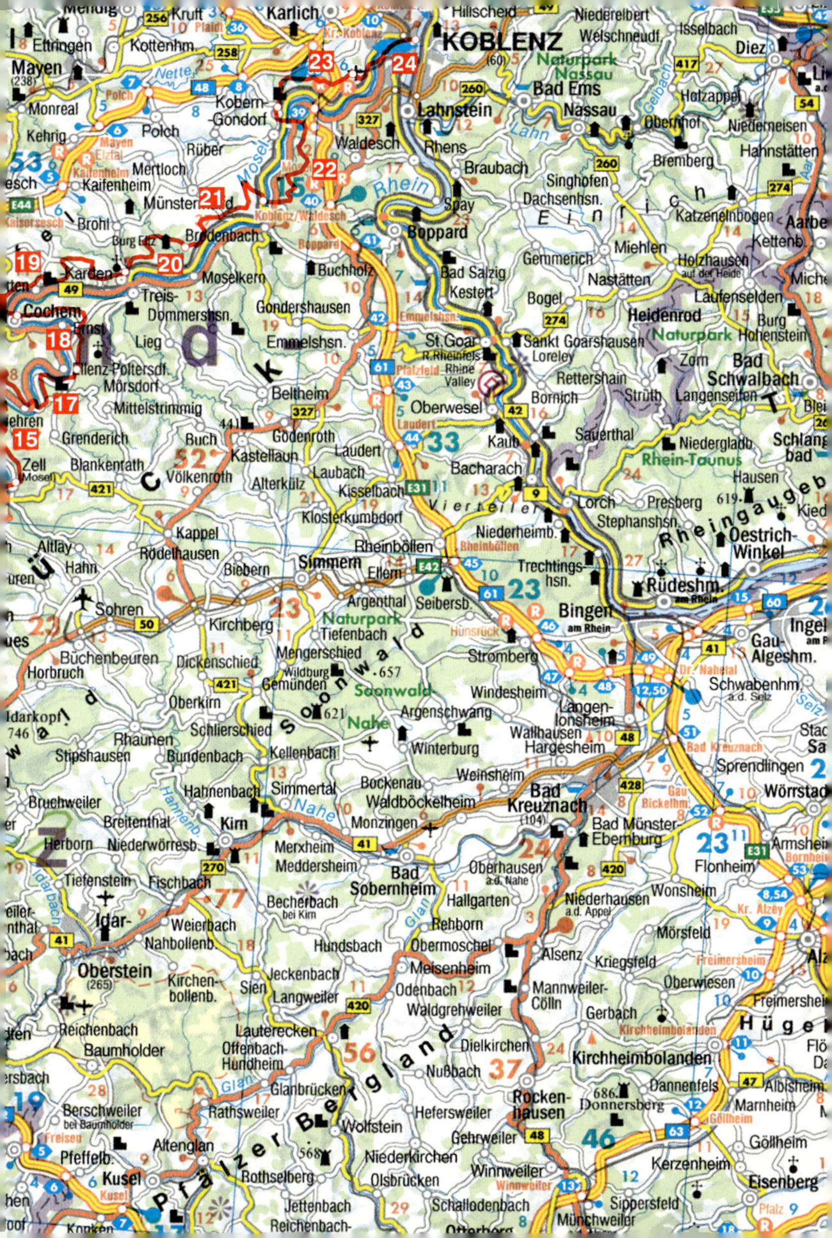

KOBLENZ
Naturpark Nassau
Bad Ems
Nassau
Lahnstein
Mayen
Polch
Kobern-Gondorf
Rhens
Braubach
Boppard
Bad Salzig
Kestert
St. Goar
Sankt Goarshausen
Loreley
Oberwesel
Kaub
Bacharach
Lorch
Rüdeshm.
Bingen am Rhein
Oestrich-Winkel
Bad Schwalbach
Naturpark Rhein-Taunus
Heidenrod
Nastätten
Katzenelnbogen
Diez
Cochem
Karden
Treis-Karden
Zell (Mosel)
Kastellaun
Simmern
Rheinböllen
Kirchberg
Sohren
Büchenbeuren
Stromberg
Naturpark Soonwald-Nahe
Soonwald
Bad Kreuznach
Bad Münster-Ebernburg
Kirn
Idar-Oberstein
Baumholder
Bad Sobernheim
Meisenheim
Lauterecken
Rockenhausen
Kirchheimbolanden
Donnersberg
Eisenberg
Kusel
Wolfstein
Pfälzer Bergland
Hunsrück
Rheingaugebirge
Alzey
Wörrstadt
Flonheim
Ingelheim
Gau-Algesheim
Rhein
Mosel
Nahe
Lahn
Glan

Der Moselsteig

Ein atemberaubenderer Qualitätsweg

Der 2014 eröffnete Moselsteig bietet Ihnen auf 365 Kilometern – aufgeteilt in 24 reizvolle Etappen – die unvergleichliche Gelegenheit, das Moseltal in seiner ganzen Vielfalt mit allen Sinnen zu erfassen. Mit ihm wurde ein Wanderweg der Superlative geschaffen, der zu Recht das Siegel des deutschen Wanderverbandes »Qualitätsweg Wanderbares Deutschland« und das europäische Wandersiegel »Leading Quality Trail – Best of Europe« tragen wird. Genießen Sie fulminante Aussichten, durchqueren Sie schattige Täler, spazieren Sie durch pittoreske Dörfer, besichtigen Sie mächtige Burgen und entdecken Sie die Reste altrömischer Tempelanlagen und Kastelle. Mal geht es auf bequemen Weinbergsträßchen sachte dahin, dann folgen schattige Hohlwege durch prächtige Laubwälder oder steilere Passagen auf schmalen Schieferpfaden. Immer wieder ergeben sich atemberaubende Ausblicke auf die zahlreichen Windungen der Mosel und abends laden urige Weinschenken zum Verweilen ein. Dazu bieten die einzelnen Etappen einen enormen Abwechslungsreichtum, nicht selten führt der Weg in die Wälder des Moselhunsrück oder gewährt über ausgedehnte Kornfelder weite Blicke in die Eifel. Bekannte Weinorte wie Neumagen-Dhron, Bernkastel-Kues, Ürzig,

Herbst am Reiler Hals.

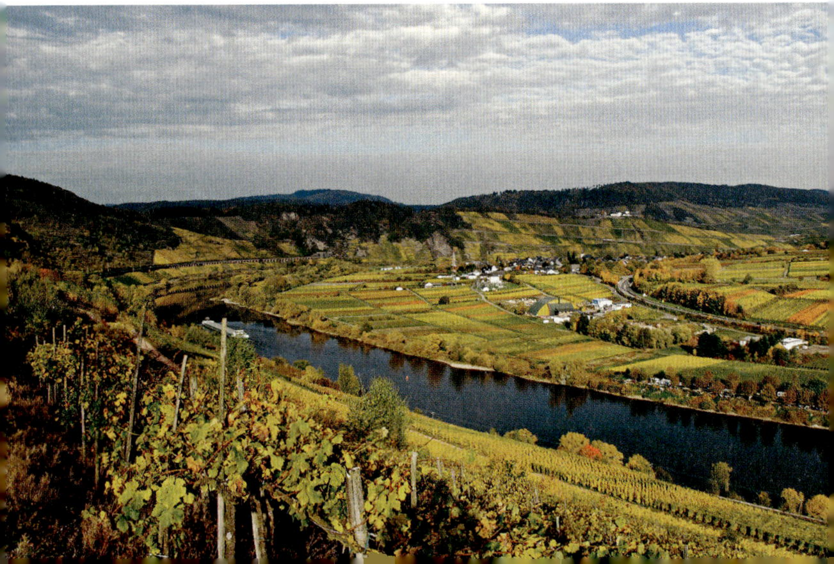

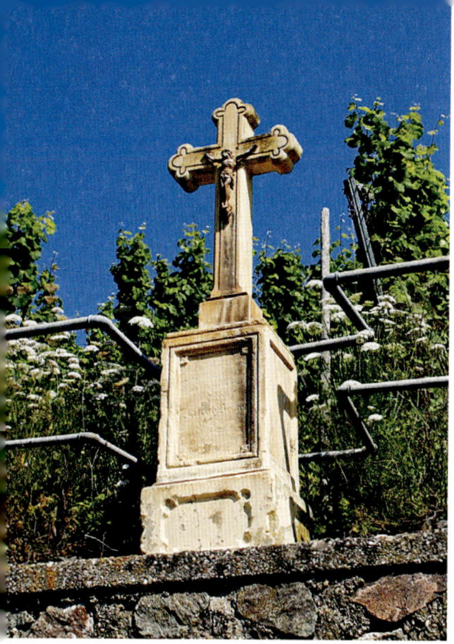

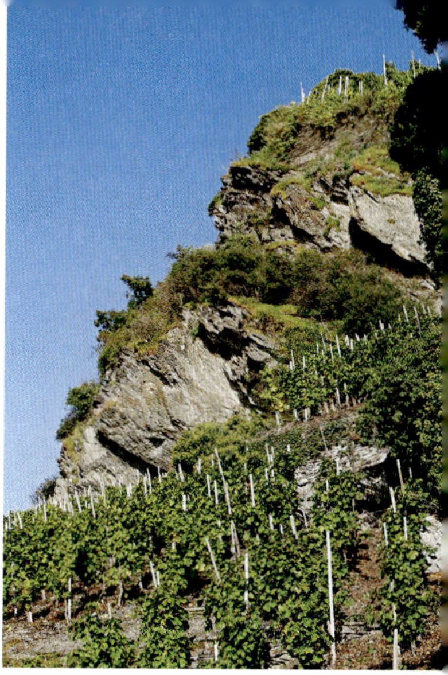

Bild links: Weinbergkreuz.
Bild rechts: Weinbau an der Mosel – nur für Schwindelfreie.

Traben-Trarbach, Zell, Cochem, Alken oder Winningen reihen sich wie Perlen einer Kette aneinander. Dazu setzen die pulsierenden Städte Trier und Koblenz mit ihren bekannten Sehenswürdigkeiten die kulturhistorischen Akzente.
Wer den Weg gemäß der üblichen Einteilung in Ober-, Mittel und Untermosel klassifizieren möchte, wird im Bereich der Obermosel, also auf den ersten vier Etappen zwischen Perl und Trier, verstärkt auf weite, offene Landschaften mit sanften Hügeln treffen, gespickt mit markanten Felsformationen und garniert mit französisch-luxemburgischer Lebensart. An der Mittelmosel zwischen Trier und Zell (Etappen 5 bis 14) dominieren enge Flusswindungen, die felsige Prallhänge auf der einen und sanfte Gleithänge auf der anderen Flussseite produzieren. In diesem Bereich erwarten Sie das pittoreske Bernkastel-Kues, die Jugendstilstadt Traben-Trarbach, die Marienburg und das liebliche Zell. An der Untermosel auf den Touren 15 bis 24 zeigen sich im enger werdenden Moseltal schließlich hohe und steile Flanken mit ihren terrassierten Weinlagen. Hervorzuheben aus der Fülle an Highlights sind der Calmont, die Altstadt von Cochem, die Burgen Eltz und Thurant sowie die beeindruckenden Weinterrassen. Durch ein gut ausgebautes Straßen- und Schienennetz sind alle Etappenorte mit öffentlichen Verkehrsmitteln bequem zu erreichen.

Der Mosellandtouristik ist es in jahrelanger Arbeit zusammen mit den Moselgemeinden und -städten sowie freiwilligen Helfern gelungen, einen Weg zu konzipieren, der zu den schönsten Weitwanderwegen der Welt zählt. Offiziell endet der Weg in Koblenz-Güls, aber da es ja eigentlich nicht sein kann, dass man die Mosel nicht bis zu ihrer Mündung begleitet, sollten Sie mit mir den Fluss ein 14. Mal überqueren und an ihm entlang zum Deutschen Eck spazieren, damit wären es dann statt der veranschlagten 365 über 370 Kilometer.

- Offizielle Seite der Mosellandtouristik zum Moselsteig: visitmosel.de/wandern (auf dieser Website finden Sie auch aktuelle Wegemeldungen)

Wanderrichtung, Etappenlängen und Zeitangaben

Der Moselsteig kann in beiden Richtungen bewandert werden. Für den vorliegenden Wanderführer habe ich mich entschieden, dem Wasser zu folgen und flussabwärts zu wandern. Auch die an anderen Stellen üblicherweise angezeigte Etappenfolge für den Moselsteig folgt dieser Richtung. Während man bei anderen Fernwanderungen bezüglich der Wanderrichtung objektive Aspekte wie Höhendifferenzen oder Sonneneinstrahlung heranziehen kann, ist es die Mosel selbst, die einen solchen Ansatz konterkariert. Durch ihre vielen Windungen folgen Sie mal der einen, mal der anderen Himmelsrichtung und auch den vielen Kerbtälern ist es egal, welche Flanke Sie für Auf- bzw. Abstieg verwenden. Trotz teilweise recht anspruchsvoller Passagen steht im Moselland immer der Genussaspekt im Vordergrund.

Bei den Etappenlängen habe ich mich weitestgehend an die Empfehlungen der Mosellandtouristik gehalten. Die zum Teil erheblichen Unterschiede in der Weglänge liegen darin begründet, dass die Etappen unterschiedlich anspruchsvoll sind oder Etappenorte mit Übernachtungsmöglichkeiten erreicht werden sollen. Im Schnitt liegt die Etappenlänge bei 15,4 km. Tagesmärsche in dieser Größenordnung erlauben es Ihnen, die jeweiligen Etappenorte zu erkunden oder unterwegs zu verweilen und Sehenswürdigkeiten zu besichtigen. Die angegebenen Wanderzeiten sind generell als grobe Richtwerte zu betrachten. Zu unterschiedlich sind die Wandergeschwindigkeiten und es ist ja auch

Symbole

- Ort mit Einkehrmöglichkeit
- Gasthaus, bewirtschaftete Hütte
- Bahnanschluss
- Busanschluss
- Schutzhaus, Unterstand
- Kirche, Kapelle, Kloster
- Burg, Schloss, Ruine
- Gipfel, Gipfelkreuz
- (Aussichts-)Turm
- Brücke
- Aussichtsplatz
- Rastplatz, Picknickplatz
- Archäologische Stätte
- Brunnen, Quelle

Der Umwelt zuliebe ...

Auch beim Wandern hinterlassen wir einen ökologischen Fußabdruck, aber im Einklang mit der Natur unterwegs zu sein, ist gar nicht so schwer!

VORBEREITUNG UND ANFAHRT

- Sich vorab informieren, worauf in Bezug auf Natur und Umwelt in der jeweiligen Wanderregion besonders zu achten ist.
- Soweit möglich mit Bahn und Bus anreisen, Wander- und Rufbusse nutzen.
- Ist eine Anfahrt mit dem Auto nötig, Fahrgemeinschaften bilden.
- Bei weiten Anfahrten Mehrtagestouren planen oder von einem Quartier vor Ort aus mehrere Touren absolvieren.
- Flugreisen möglichst reduzieren und durch Beiträge zu Klimaschutzprojekten kompensieren.

KLEIDUNG UND AUSRÜSTUNG

- Beim Kauf von Outdoor-Kleidung auf umweltfreundliche und faire Herstellung achten und Kleidungsstücke möglichst viele Jahre nutzen.
- Ausrüstung kann man eventuell auch gebraucht kaufen oder ausleihen.
- Reparieren statt neu kaufen.

VERPFLEGUNG

- Beim Einkauf Bio-Ware, regionale und saisonale Erzeugnisse bevorzugen.
- Hütten und Gasthäuser auswählen, die regionale Produkte verwenden.
- Auf Einwegflaschen und Plastikverpackungen verzichten, stattdessen wiederverwendbare Trinkflaschen und Brotzeitboxen benutzen.

ÜBERNACHTUNG

- Bei lokalen Anbietern buchen, damit Menschen vor Ort profitieren.
- Auf Hütten und in anderen Unterkünften Strom und Wasser sparen.

UNTERWEGS

- Wege benutzen und Abkürzer vermeiden.
- Sperrungen von Wegen und Schutzgebieten respektieren.
- Keine Blumen pflücken und keine Pflanzen entnehmen.
- Waldbrandgefahr beachten.
- Müll wieder mit nach Hause nehmen und dort entsorgen.
- Toilettengänge in freier Natur möglichst vermeiden.
- Lärm vermeiden.
- Hunde an die Leine nehmen.

ROTHER
BERGVERLAG

nur zu unterstützen, dass jeder Wanderer sein eigenes Tempo hat und den Weg auf ganz individuelle Weise genießen kann. In den Texten habe ich daher auf Zeitangaben verzichtet und mich an den objektiven Wert der Weglänge gehalten. Bei den Richtzeiten handelt es sich selbstredend um die reinen Gehzeiten ohne größere Pausen, wohl aber inklusive kleinerer Stopps.
Achtung: Wer nachmittags oder abends mit öffentlichen Verkehrsmitteln zu seinem Ausgangspunkt zurückkehren möchte, sollte sich vorher unbedingt mit den Gegebenheiten vor Ort und den aktuellen Fahrplänen vertraut machen. Zwischen einigen Ausgangs- und Endpunkten gibt es keine direkte Bus- oder Zugverbindung! (Infoblöcke zu den Einzeletappen beachten.)

Markierung

MOSELSTEIG

Die gesamte Strecke ist durch ein charakteristisches Logo gekennzeichnet, das in sanften Ockertönen die Schichtbauweise der Weinterrassen stilisiert. Darunter prangt der Name des Weges, wobei der Wortteil Mosel fett und Steig schlank gedruckt ist. Neben dem filigran anmutenden Symbol, den sich scheinbar spielerisch leicht türmenden Trockenmauern, steht der Fettdruck möglicherweise für die natürliche Schwerkraft des Flusses in seinem Bett im krassen Gegensatz zum aufstrebenden Steig, der den Wanderer zumeist hoch hinausführt, in stetigem Streben nach aussichtsreichem Wandergenuss. Das Logo des Moselsteigs begegnet dem Wanderer auch noch in zwei leicht abgewandelten Ausführungen. Zuwege sind mit einem braunen Symbol versehen, »Seitensprünge« mit einem grünen. Diese Markierungen tragen aber auch die entsprechenden Wortzusätze. Während sich der Begriff »Zuweg« selbst erklärt, versteht man unter den Seitensprüngen ein »Fremdgehen vom Moselsteig« auf vielen Extratouren, wie z. B. »Mehringer Schweiz«, »Zitronenkrämerkreuz« oder »Felsen, Fässer, Fachwerk«.

Der Moselsteig ist durchgehend bestens markiert und beschildert.

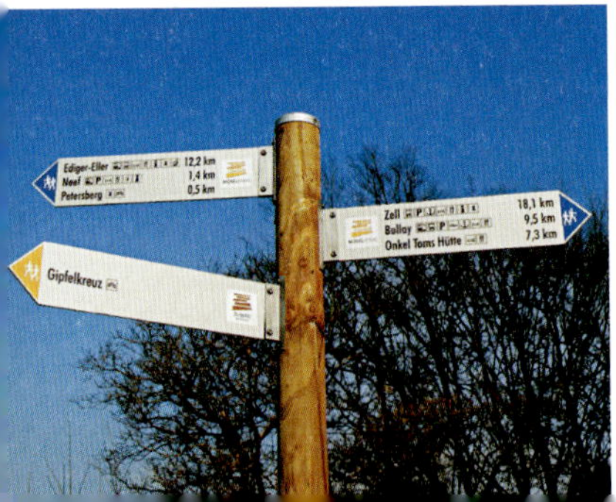

Die Beschilderung des Moselsteigs ist durchgehend hervorragend. Es kommt daher im Gegensatz zu vielen anderen Wanderwegen nicht vor, dass eine Moselweg-Markierung zugewachsen oder anderweitig verloren gegangen ist. Auch wenn zu erwarten ist, dass im Laufe der Jahre so manche Markierung Sturmschäden oder Waldarbeiten zum Opfer fällt, gehe ich davon aus, dass regelmäßige Kontrollgänge und Ausbesserungsarbeiten die durchgehend ordentliche Markierung aufrechterhalten. Sollte die Markierung an der einen oder anderen Stelle mehrdeutig oder verwirrend sein, so weist der vorliegende Wanderführer eindringlich auf die entsprechenden Wegstellen hin. Beachten Sie daher auch die Texte zum Wegverlauf. Trotz guter Markierung und ausreichender Beschreibung sollte man aber keinesfalls auf den Einsatz von Wanderkarten verzichten, da man den Streckenverlauf besser einschätzen und eigenständig Abstecher einschieben kann.

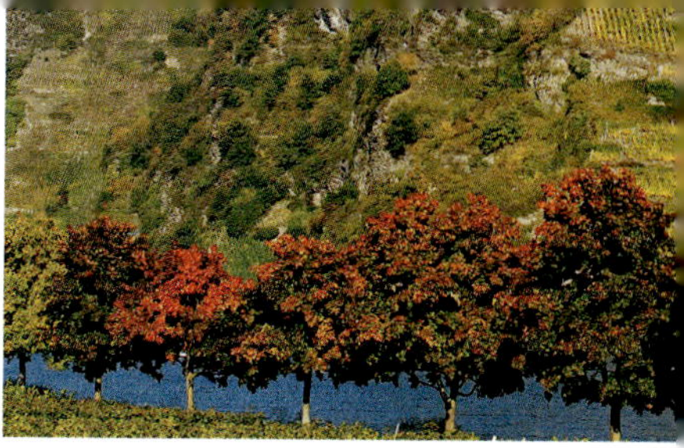

Indian Summer an der Moselloreley.

Wanderkarten

Der Moselsteig ist als Premium-Wanderweg in allen Neuauflagen von Wander- und Freizeitkarten der Region verzeichnet. Auf den Steig explizit zugeschnitten sind die Moselsteig-Karten des Landesamtes für Vermessung und Geobasisinformation Rheinland-Pfalz. Das topografische Kartenset ist im Maßstab 1:25.000 gedruckt und besteht aus drei Teilen.

■ Moselsteig-Freizeitkarten-Set (1:25.000):
Karte 1: Perl – Trier; Karte 2: Trier – Zell; Karte 3: Zell – Koblenz
Die für die jeweilige Einzeltour benötigte Karte ist im Infoblock zur jeweiligen Etappe genannt.

Beste Jahreszeit

Das Moseltal kann den Reisenden zu jeder Jahreszeit in seinen Bann ziehen. Während man in den Sommermonaten geradezu mediterrane Züge ausmachen kann, ist der Winter eine Zeit der Stille und des Rückzugs und während im Sommer und Herbst die Reben ihre volle leuchtend farbenfrohe Pracht entfalten, wirken dieselben Weinberge im Winter und Frühjahr durch ihre charakteristischen Streifen wie abstrakte Gemälde. Grundsätzlich trifft man im Moseltal auf ein gemäßigtes Klima, mit seltenem Dauerfrost. Auch in kälteren Wintern sinkt die Temperatur kaum unter 2 °C. Dennoch sind für mehrtägige Wanderungen das Wetter und die Tageslänge (Sonnenauf- und -untergänge) nicht unwesentlich. Zudem haben wir es natürlich mit einer Weinregion zu tun, die zur kalten Jahreszeit sehr karg erscheint. Die Empfehlung geht daher ganz klar in Richtung April bis Oktober – sei es das Frühjahr mit der Blüte der Obstbäume und dem zarten Grün der Laubwälder, sei es der Sommer mit dem satten Grün der Rebflächen oder der Herbst mit seiner bunten Farbenpracht und den Weinfesten. Außerdem sollte erwähnt werden, dass Museen, Hotels und Restaurants in den Wintermonaten teilweise geschlossen sind und auch der Fährverkehr deutlich eingeschränkt ist.

GPS-Tracks und Koordinaten der Ausgangspunkte

Auf **gps.rother.de** stehen zu diesem Wanderführer GPS-Tracks und die Koordinaten der Ausgangspunkte zum kostenlosen Download bereit. Dieser QR-Code führt direkt zum Download.
4. Auflage, Passwort: **443304mar**
Die GPS-Tracks können in die **Rother App** importiert werden. In der App kann man unterwegs stets sehen, wo man gerade ist und wo es langgeht. **Anleitungen dazu: rother.de/gps**
Trotz sorgfältiger Prüfung können wir Fehler und zwischenzeitliche Veränderungen nicht ausschließen. Verlassen Sie sich für die Orientierung niemals einzig und allein auf die GPS-Daten, sondern beurteilen Sie die Verhältnisse vor Ort.

Einkehr und Unterkunft

Das Moselland ist eine Region der Gastlichkeit mit zahlreichen Hotels, Pensionen, Restaurants, Weinschenken und Straußwirtschaften. In fast jedem Ort gibt es Gaststätten, sodass eine Einkehr bei nahezu jeder Etappe möglich ist. Bei Etappen, die fast ausschließlich durch die Natur verlaufen und eine Einkehr nur mit einem größeren Umweg zu realisieren wäre, rate ich dazu, ausreichend Verpflegung mitzunehmen (siehe jeweiliger Infoblock zu den Einzeletappen). Genügend Getränke sollte man ohnehin immer dabei haben, denn Brunnen mit Trinkwasser gibt es so gut wie gar nicht. In den Etappenorten zu übernachten ist unproblematisch. Ihre Gastgeber sind durchweg freundlich und auf Wanderer eingestellt. Zu jeder Etappe finden Sie in der Regel zwei Unterkünfte, die als Auswahl unter zumeist vielen weiteren zu verstehen sind. In der Hauptsaison (Hochsommer bis zur Weinlese) ist es ratsam, die Zimmer im Voraus zu reservieren, insbesondere an Wochenenden!
Wenn Sie eine Etappe teilen möchten, so ist dies kein Problem, da in nahezu jedem Ort am Moselufer eine Übernachtungsmöglichkeit besteht.

Bekleidung und Ausrüstung

Geeignetes Schuhwerk ist sicherlich der wichtigste Bestandteil für ein vollkommenes Wandervergnügen. Da der Moselsteig immer wieder über naturnahe Wege mit Verwurzelungen und losem Gestein führt, sollte es fest sein und im Idealfall über den Knöchel reichen. Die Sohle sollte ein entsprechendes Profil aufweisen, da einige Passagen insbesondere bei feuchter Witterung rutschig sein können. Bei mehrtägigen Wanderungen sollte man Wetterumschwünge einkalkulieren und sowohl einen Regenschutz als auch wärmere Kleidung mitführen. Vor allem im Frühjahr und Herbst können die auftretenden Temperaturunterschiede im Moseltal erheblich sein. Auch sollte man die Frühjahrs- und Frühsommersonne nicht unterschätzen und durch das Auftragen von Sonnencreme Hautschädigungen vorbeugen. Im Hochsommer sollte man auf jeden Fall eine Kopfbedeckung mitnehmen, wenn längere Teilstücke durch die Weinberge führen. Zur Standardausrüstung gehört selbstverständlich eine ausreichende Verpflegung, insbesondere wenn keine Einkehrmöglichkeiten angegeben sind. Einen Notproviant sollte man ohnehin immer dabei haben. Bedenken Sie, dass eine körperliche Anstrengung wie das Wandern einen erhöhten Flüssigkeitsbedarf bewirkt.

Der Moselsteig – Highlights und Etappenübersicht

Dreiländereck bei Schengen – Wincheringen – Felsformationen bei Nittel – Löschemer Kapelle – Saarmündung – Trier – Weisshaus – Mehringer Berg – Fünfseenblick – Hinkellay Zummethöhe – Konstantinshöhe – Neumagen-Dhron – Weißlei – Spoar-Kapelle – Sauerbrunnen – Burgruine Landshut – Bernkastel – Kloster Machern – Ürzig – Kröver Bergkapelle – Klingelbachtal –

Etappenort Treis-Karden (Etappe 20).

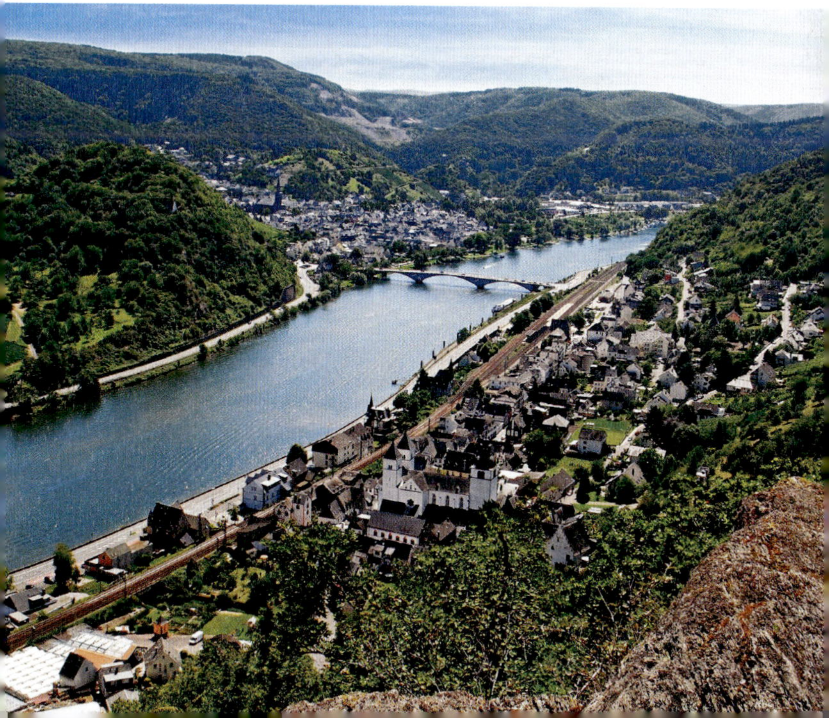

Mont Royal – Traben-Trarbach – Grevenburg – Starkenburg – Enkirch – Reiler Hals – Prinzenkopf – Marienburg – Zell – Collis-Turm – Bremmer Calmont – Vier-Seen-Blick – Ediger-Eller – Burg Metternich – Beilstein – Bruttig-Fankel – Brauselay – Cochem mit der Reichsburg – Pinnerkreuz – Seitskapelle – Dortebachtal – Martberg – Treis-Karden mit St.-Castor-Kirche – Burg Eltz – Rabenlay – Burg Thurant – Alken – Wallfahrtskirche Bleidenberg – Kobern-Gondorf – Niederburg – Matthiaskapelle – Winningen – Koblenz – Deutsches Eck.

	Einzeletappen	Schwierigkeit	km	Std.
1	Perl – Palzem	mittel	22,5	5.45
2	Palzem – Nittel	leicht	14,9	4.00
3	Nittel – Konz	mittel	21,6	5.45
4	Konz – Trier	leicht	16,9	4.30
5	Trier – Schweich	mittel	18,8	5.00
6	Schweich – Mehring	leicht	11,8	3.15
7	Mehring – Leiwen	mittel	14,5	4.15
8	Leiwen – Neumagen-Dhron	mittel	13,8	3.45
9	Neumagen-Dhron – Osann-Monzel	mittel	17,2	4.45
10	Osann-Monzel – Bernkastel-Kues	mittel	13,6	4.00
11	Bernkastel-Kues – Ürzig	mittel	17,0	5.15
12	Ürzig – Traben-Trarbach	leicht	15,0	4.00
13	Traben-Trarbach – Reil	mittel	14,3	4.15
14	Reil – Zell	leicht	12,6	3.30
15	Zell – Neef	schwierig	19,5	5.45
16	Neef – Ediger-Eller	mittel	8,3	2.45
17	Ediger-Eller – Beilstein	mittel	17,4	4.30
18	Beilstein – Cochem	schwierig	13,2	3.45
19	Cochem – Treis-Karden	schwierig	23,8	7.00
20	Treis-Karden – Moselkern	mittel	10,8	3.30
21	Moselkern – Löf	schwierig	13,9	4.00
22	Löf – Kobern-Gondorf	schwierig	15,4	5.00
23	Kobern-Gondorf – Winningen	mittel	11,6	3.45
24	Winningen – Koblenz	leicht	14,3	3.30
	Gesamtweg		372,7	

Der Fluss in Zahlen

Die Mosel entspringt am Col de Bussang (715 m ü. NN) in den Vogesen und mündet nach 544 Kilometern am Deutschen Eck in Koblenz (59 m ü. NN) in den Rhein. Seit der Maasumleitung im Jahre 1904 ist sie der längste Nebenfluss des Rheins und zugleich die zweitwichtigste deutsche Wasserstraße. Am Dreiländereck bei Schengen und Perl fließt die Mosel als Moselle von Frankreich ein und bildet auf einer Länge von 35,7 km die deutsch-luxemburgische Grenze. Ab der Sauermündung bei Wasserbillig ist die Mosel, die in Luxemburg übrigens Musel genannt wird, dann auf einer Länge von weiteren 206,7 km ein innerdeutscher Fluss. Die einzelnen Abschnitte werden in Deutschland als Ober-, Mittel- und Untermosel bezeichnet. Wie Messungen im Bereich Cochem ergaben, beträgt die durchschnittlich abfließende Wassermenge dort stolze 315 Kubikmeter pro Sekunde.
Auf einer Länge von 394 km von Neuves-Maisons in Frankreich bis Koblenz kann die Mosel mit Schiffen befahren werden. Auf dieser Strecke gibt es insgesamt 29 Staustufen, mit Höhenunterschieden zwischen 2,70 m und 9 m. Allein auf deutschem bzw. deutsch-luxemburgischen Gebiet sind es zwölf mit einem durchschnittlichen Fall von 6,68 m. Die Mosel hat mit der Saar, der Sauer und der Meurthe drei größere Nebenflüsse, deren einfließende Wassermengen die aller anderen deutlich übersteigen. Der Moselsteigwanderer überquert neben der Saar zahllose Kleinstbäche.
Die begrenzenden Mittelgebirge sind Eifel und Hunsrück, an deren Flanken sich diese so eindrucksvolle Flusslandschaft ausgebildet hat. Die größten Städte im Moselgebiet in Deutschland sind Koblenz und Trier. Während der Weg zwischen diesen Städten per Luftlinie nur ca. 100 km beträgt, ist er entlang des Flusses fast doppelt so lang. Auf dem Moselsteig sind es sogar knapp 300 km.

Geologische Entstehung

Eine Moselreise wäre eine echte Enttäuschung, hätten Sie diese vor drei Millionen Jahren angetreten. Schließlich war die Ur-Mosel vor der Entstehung des rheinischen Schiefergebirges ein ziemlich breiter, träge dahinfließender Strom. Nur wenige Meter lag die Ebene, über die sich der Fluss dem Ur-Rhein näherte, über dem Meeresspiegel. Die Vogesen hingegen gab es schon. Sie entstanden vor rund 50 Millionen Jahren und waren damals wie heute das Quellgebiet der Mosel. Als sich nun im Quartär, vor ca. 2,6 Millionen Jahren, das rheinische Schiefergebirge um etwa 250 m aufzutürmen begann, musste sich der Fluss tief in die Gesteinsmassen eingraben, wobei die Tiefenauswaschung mit der Hebung des Geländes Schritt halten konnte. Der Grund für den neuen geschwungenen Verlauf war die unterschiedliche

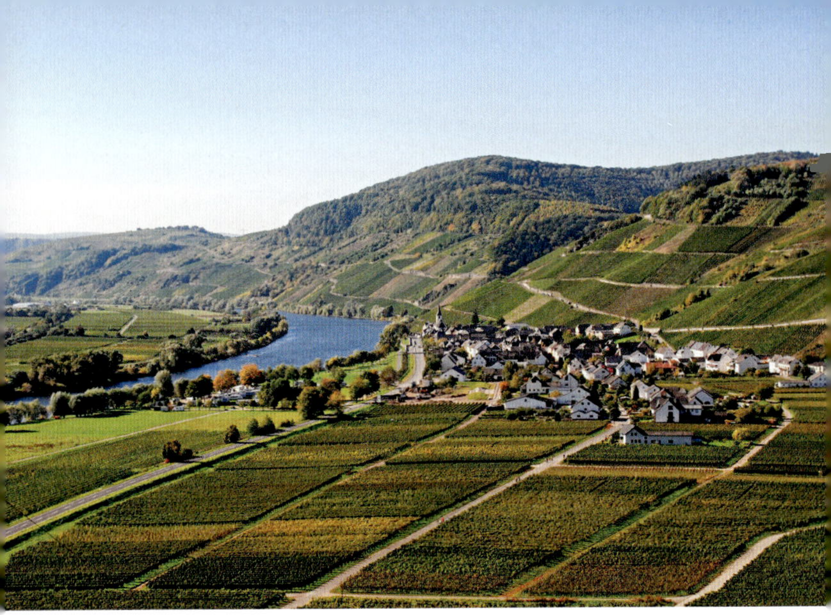

Blick auf Kesten (Etappe 10).

Gesteinshärte, die die Wassermassen immer wieder zu Richtungsänderungen verleitete. Die charakteristischen Mäander entstanden. Man bedenke, dass die Moselschleife um den Mont Royal bei Kröv rund 10 Kilometer lang ist, während die Landverbindung zwischen Kövenig und Kröv nur 875 m beträgt. Noch beeindruckender sind die Verhältnisse am Zeller Hamm, wo die Mosel um die Halbinsel Barl etwa elf Flusskilometer beschreibt, der Engpass bei der Marienburg jedoch nur 350 m misst. Durch den Fließverlauf entstanden an den Moselufern zahlreiche Prallhänge, die im Laufe von Zehntausenden von Jahren immer weiter ausgewaschen wurden. Vor 80.000 Jahren gelang der Mosel zwischen Mühlheim und Lieser gar ein Mäanderdurchbruch. An den Gleithängen bildeten sich wegen der schwächeren Strömung und der damit verbundenen geringeren Transportfähigkeit des Wassers Sand- und Kiesablagerungen, die vor allem während der Ruhephasen der Eiszeiten sedimentiert wurden.

Der stete Wechsel von Wärme- und Kälteperioden führte an den Gleithängen zur Ausbildung von Flussterrassen, die nach einem weiteren Eingraben der Mosel ins Tal später ideale Siedlungsplätze darstellten. Die steileren Prallhänge hingegen bieten, wenn sie nach Süden ausgerichtet sind, besonders günstige Voraussetzungen für den Weinbau.

Besiedlung und Kulturgeschichte

Das Moseltal war für den Menschen schon immer ein beliebter Lebensraum. Funde in Wehlen oder Treis-Karden belegen, dass hier schon in frühgeschichtlicher Zeit Menschen siedelten. Aus der Bronzezeit (1500–750 v. Chr.) bzw. der Eisenzeit (750–400 v. Chr.) datieren Grabhügel und Ringwälle im Wald bei Bruttig-Fankel. Dies ist kein Zufall, denn dieser von der Natur so sehr begünstigte Ort lud zur Besiedlung ein. Die flachen Gleithänge bestehen in ihren tieferen Lagen aus fruchtbarem Schwemmland, welches sich ideal für den Ackerbau eignet. Nach Süden oder Südwesten ausgerichtete Steilhänge sind mit ihren Schieferböden für den Weinbau geradezu prädestiniert. In den von der Mosel umflossenen Tallagen ist das Klima zu allen Jahreszeiten mild, im Sommer oft auch heiß. An einigen Stellen, wie zum Beispiel am Calmont bei Bremm, wehren hoch aufragende Bergketten zusätzlich kühle Nordwinde ab. Auch Halbinseln waren bei den Siedlern sehr gefragt, da sie gegen Angreifer leichter zu verteidigen waren. Ab 500 v. Chr. prägten die Kelten die Hunsrück- und Eifelkultur, bauten Fluchtburgen, wie etwa bei Kröv, oder Kultzentren, wie auf dem Martberg bei Treis. Namentlich die Treverer, ein nordost-gallischer Stamm, siedelten im Moselgebiet vor der Romanisierung.

Reichsburg Cochem.

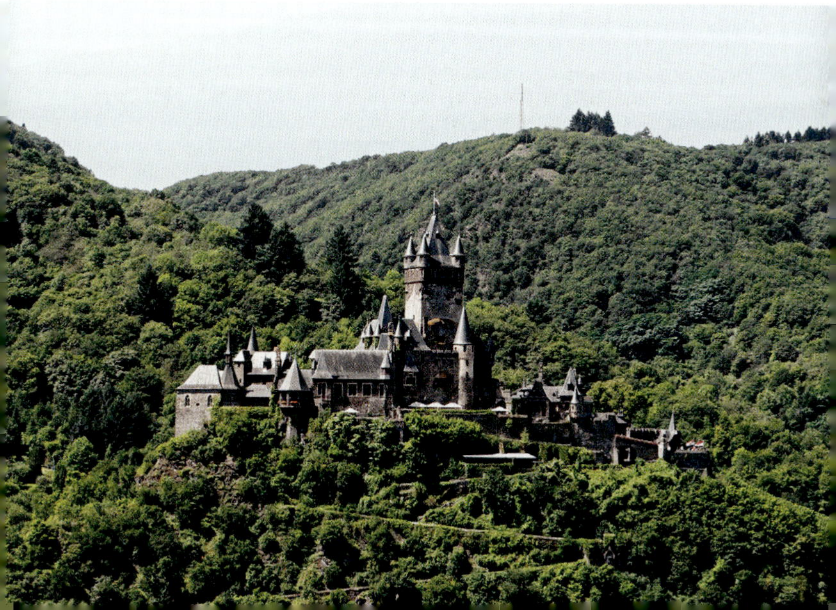

Als Folge des gallischen Krieges besetzten die Römer das Gebiet und erbauten am Zusammenfluss von Rhein und Mosel das Kastell Confluentes, das heutige Koblenz und gründeten Augusta Treverorum, das heutige Trier. Lange Zeit wehrten sich die keltischen Stämme gegen die neuen Herren, mussten deren Überlegenheit aber 70 n. Chr. anerkennen. Die entscheidende Schlacht, bei der die Treverer eine herbe Niederlage einstecken mussten, fand übrigens bei Riol statt, also in Reichweite des Moselsteigs in der Gegend von Mehring. Kaiser Konstantins Bekenntnis zum Christentum und seine zeitweise starke Vorliebe für Augusta Treverorum begünstigten im 4. Jahrhundert den wirtschaftlichen Aufschwung und die Missionierung des Mosellandes unter dem Trierer Bischof Maximin und dem heiligen Castor von Karden. Durch das Machtvakuum infolge des Untergangs des Römischen Reiches erlebte das Moselland eine wechselhafte Zeitspanne. Vandalen und Hunnen fielen ein und zerstörten unter anderem Trier.
Ende des 5. Jahrhunderts wurde die Region von den Franken annektiert, was der Christianisierung weiteren Vorschub leistete. Unter dem zunehmenden Einfluss des Erzbistums Trier kam es im Mittelalter zu zahlreichen Klostergründungen im Moseltal. Burgen und Bürgerhäuser zeugen von der einstigen Bedeutung der Region, auch wenn nahezu alle Burgen von französischen Truppen zerstört wurden. Im Moseltal stoßen Sie immer wieder auf bauliche Überreste der geschichtlich-kulturellen Entwicklung; ob Sie beispielsweise am Kröver Burgberg auf Spuren der Kelten treffen oder auf dem Archäologischen Wanderweg bei Bruttig-Fankel Geländedenkmäler aus der Eisenzeit aufspüren.
Auch der Moselsteig bringt Sie in Kontakt mit den architektonischen Zeitzeugen der vielschichtigen Vergangenheit, denn Grundmauern oder gar Rekonstruktionen römischer Villen, Kelteranlagen und Tempel befinden sich in Reichweite des Weges. Ferner lassen sich mittelalterliche Burgruinen, Klöster und jahrhundertealtes Fachwerk in den Ortskernen in Augenschein nehmen. Vielerorts bleibt die lebhafte Geschichte dieser einzigartigen Kulturlandschaft somit bis heute präsent.

Flora und Fauna

Die besondere Landschaftsform des Moseltals, verbunden mit der entsprechenden Art des Weinbaus, hat über viele Jahrhunderte hinweg eine Pflanzen- und Tierwelt entstehen lassen, die sich auf einzigartige Weise mit dem Zusammenspiel von Natur und menschlichem Eingriff arrangiert hat. Gerade im Bereich des Steillagenweinbaus hat sich nach Rodung der Wälder und der Errichtung von Trockenmauern gewissermaßen eine künstliche Erweiterung der natürlichen Felsformationen ergeben, was den Lebensraum von Wärme liebenden Tieren und Pflanzen enorm vergrößerte, zumal alle diese neu geschaffenen Territorien zweckmäßigerweise der Sonne zugewandt sind. Insbesondere auf den Wärme speichernden Felspassagen kann man mit ein biss-

chen Glück einer Smaragdeidechse begegnen. Auch andere Reptilien genießen die zahlreichen Rückzugsgebiete der vielfältigen Landschaft, wie Ringel- oder Schlingnattern. Während erstere vorwiegend die kühlen Waldschluchten bewohnen, bevorzugen letztere trockene und warme Areale. Ein beliebter Bewohner des Moseltals ist der Apollofalter. Der eigentlich im Hochgebirge beheimatete Schmetterling hat an der Mosel eine Unterart ausgebildet. Neben diesen für den Weinbau unproblematischen Tieren des Moseltals bevölkern aber auch immer mehr Wildschweine die Wälder oberhalb der Rebhänge oder in den schattigen Taleinschnitten. Diese können, wenn sie sich in den Weinberg verirren, beträchtliche Schäden anrichten. Nicht anders verhält es sich mit Rehen, Wildschafen oder regional anzutreffendem Muffelwild.
Durch das milde und an den Südflanken der Hänge trockene, in den Sommermonaten sogar heiße Klima hat sich eine große Pflanzenvielfalt ausgebildet. Während auf den Brachflächen die Waldrebe, Ginster, Sonnen-Wolfsmilch, Ehrenpreis, aber auch Brombeeren und Schwarzdorn anzutreffen sind, wachsen in den Weinbergen zuweilen Wildkräuter, wie der Blaue Lattich, Knoblauch oder Beifuß. Unmittelbar an Klettersteigen sprießt zuweilen auch Thymian. Die Wälder an den steilen Hängen bestehen vorwiegend aus Traubeneichen, aus denen man früher Eichenloh für die Gerberei gewonnen hat, ein bis in die 1920er-Jahre hinein beliebter Nebenerwerb der Winzer.
Zu erwähnen sind natürlich auch der berühmte moselländische Weinbergpfirsich, den Sie unbedingt probieren sollten, und der erhöhte Buchsbaumbestand, der Ihnen vor allem auf der Tour 20 zwischen Treis-Karden und Müden begegnet.

Weinbau an der Mosel

Aus der Perspektive des Moselsteigs erleben Sie den Steillagenweinbau hautnah und können sich somit ein besseres Bild davon machen, welche Anstrengungen die Winzer auf sich nehmen, um ihre Spitzenweine zu erzeugen. So spektakulär der alpine Steillagenbau auf der einen Seite, so herrlich wirken die Rebenmeere an den lang gezogenen Gleithängen gegenüber.
Das Weinbaugebiet Mosel umfasst neben dem Namen gebenden Fluss auch die Nebenflüsse Saar und Ruwer, an denen ebenfalls Weinbau betrieben wird. Das gesamte Anbaugebiet, das auf Höhe des 50. Grades nördlicher Breite liegt und damit für den Weinbau relativ weit nördlich, umfasst eine Fläche von ca. 9000 Hektar.

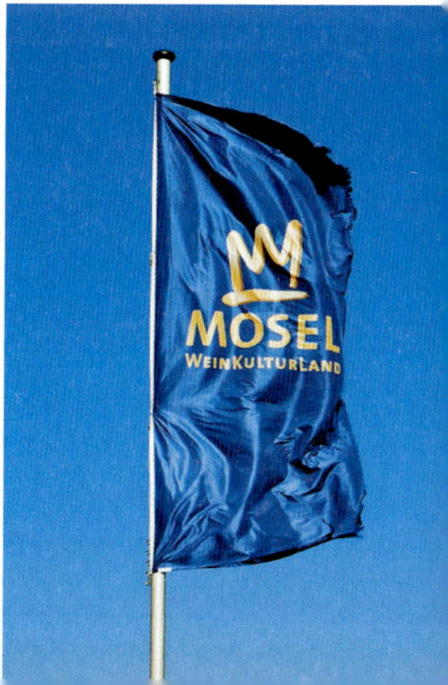

Es ist in fünf Bereiche unterteilt: Untermosel, Mittelmosel, Saar-Ruwer, Obermosel und Moseltor. Moseltor und Obermosel, die geografisch zur Obermosel zusammengefasst werden, reichen von Perl bis Wasserliesch, während Konz und Trier weinbautechnisch zum Bereich Saar-Ruwer gehören. Die Mittelmosel, in der die meisten Spitzenlagen liegen, beginnt bei Schweich und endet bei Enkirch. Ab Zell bis hinunter nach Koblenz sprechen wir von der Untermosel oder auch Terrassenmosel.
Die Mosel gilt als Rieslingland, da nach wie vor über die Hälfte der Anbaufläche mit dieser Rebsorte bestockt ist. Auf Rang zwei folgt mit großem Abstand der Müller-Thurgau und abgeschlagen dahinter Elbling und Spätburgunder. In den südlicheren Gebieten (Moseltor und Obermosel) sind die Hänge sanfter als an der Mittel- und Untermosel. Hier ist die Mosel auch weniger breit und gibt daher weniger Sonnenwärme an die Rebhänge ab. Der Boden besteht aus Sandstein, Muschelkalk und rotem Mergel. Diese Kombination bringt trockene, spritzige, säurereiche Weine hervor. In der Region wird noch immer verstärkt der Elbling produziert, den bereits die Römer

Weinberglift – nicht für Wanderer.

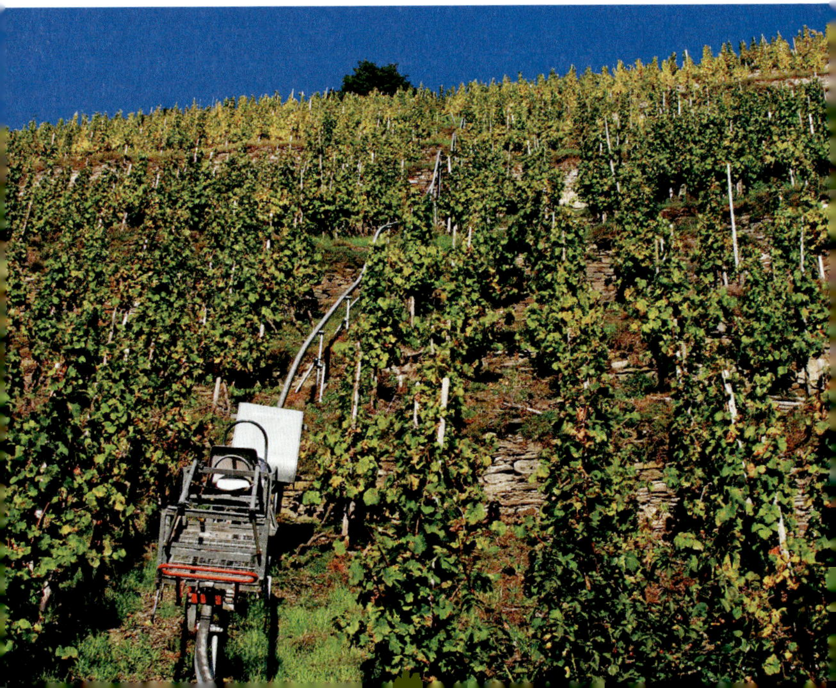

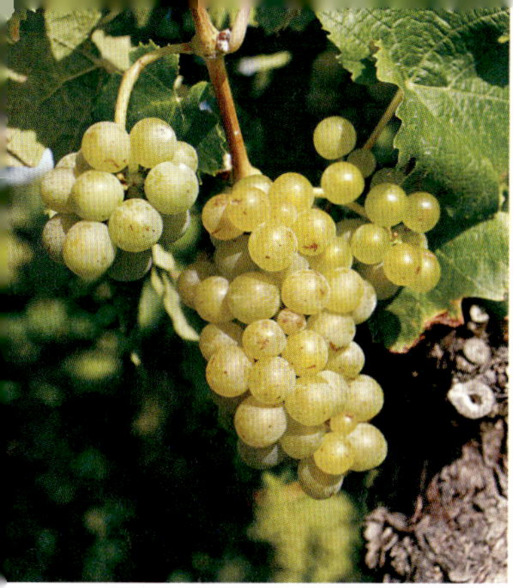

Riesling-Trauben.

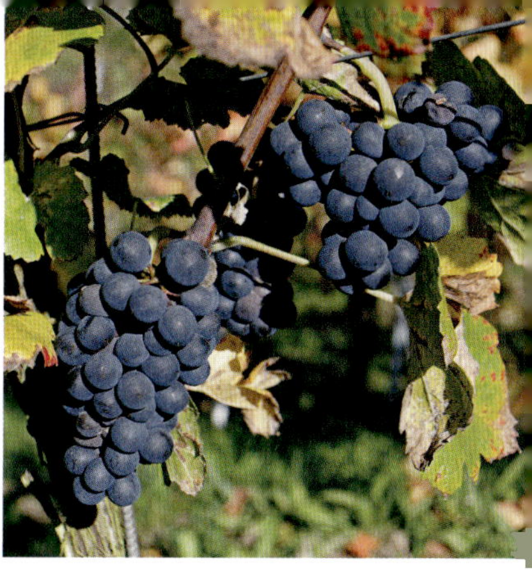

Rote Trauben.

tranken. Die engen Schleifen der Mittelmosel bieten ideale Sonnenlagen für die Reben. An vielen Stellen sind die Hänge steil und die durch die zahlreichen Schleusen zusätzlich verbreiterte Mosel reflektiert viel Sonnenlicht und Wärme auf die Weinberge. Zudem fördert der häufig auftretende Frühnebel die Entstehung von Edelfäule. Auch der Boden ist in diesem Bereich der Mosel ein entscheidender Faktor, denn der dunkle Devonschiefer speichert die Wärme optimal und sorgt für eine gute Drainage. Einzig der niedrige pH-Wert verlangt, dass der Boden alle paar Jahre mit Kalk versetzt werden muss. Eine Ausnahme bildet der Ürziger Würzgarten mit Anteilen von vulkanischem Gestein, das vor allem in regenarmen Jahren einen besonders körperreichen, würzigen Riesling hervorbringt. Zu empfehlen ist aber auch der Weiße Burgunder vom roten Schiefer.

Die Untermosel unterscheidet sich von der Mittelmosel vor allem durch den Boden, da in dem engen Moseltal auch hier steile Weinlagen die Regel sind. Mit dem Calmont bei Bremm beheimatet die Region sogar den steilsten Weinberg Europas. Der Untergrund besteht aus Ton- und Siltschiefer mit Anteilen von Kalk, Quarziten oder Sandstein. Dieses sandige Gestein ist zwar härter als der blaue Devonschiefer, neigt aber stärker zur Erosion. Aus diesem Grund findet man in den Weinbergen um die bekannten Orte Cochem, Beilstein, Zell, Alken oder Winningen häufig gemauerte Terrassen. Seit gut 30 Jahren setzt man an der Mosel wieder verstärkt auf Qualität und knüpft damit an die Zeit um 1900 an, als auf diesen Hängen der teuerste Wein der Welt wuchs, wenngleich sich die Güte des Weins für die Winzer heutzutage finanziell kaum auszahlt. Moselwein ist vergleichsweise preisgünstig. Die bekanntesten Weinlagen, die der Moselsteig passiert, werden in den Wegbeschreibungen und diversen Infokästen genannt.

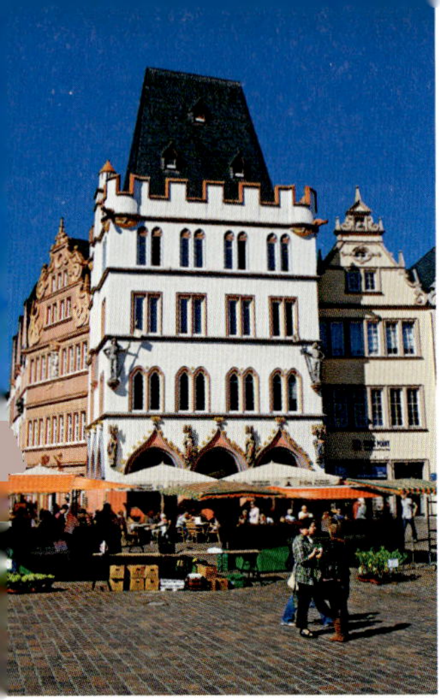

Die Steipe, das alte Rathaus von Trier.

Wandern an der Mosel

Wandern im Moseltal hat eine sehr lange Tradition. Das belegt der vor mehr als 100 Jahren ausgewiesene Moselhöhenweg, der eigentlich aus zwei voneinander unabhängigen Wegen auf der Eifel- bzw. der Hunsrückseite des Flusses besteht. Auch wenn das Wandern damals eher einen beruflichen Grund gehabt haben dürfte, bot der Weg dem Reisenden zahlreiche spektakuläre – und eigentümlicherweise auch immer wieder neue erlebte – Perspektiven auf den Fluss.

Auf einigen Teilstücken fordern Moselhöhenweg und Moselsteig den Wanderer gemeinsam auf, Hang für Hang zu erobern. Dabei ist es aber nicht nur die Gewissheit, dass ihn ein ums andere Mal eine überwältigende Aussicht erwartet. Die Stille der engen Waldschluchten oder die stete Beobachtung des langsam dahinfließenden Wassers erlauben

Fernwanderwege, Seitensprünge und Traumpfade

Fernwanderwege im Moselgebiet

- Moselsteig
- Moselhöhenweg
- Mosel-Camino (Jakobsweg)
- Eifelsteig
- Saar-Mosel-Weg
- Saar-Hunsrück-Steig

Moselsteig-Seitensprünge

Ausführliche Informationen dazu (und auch zu den Traumpfaden) unter: moselsteig.de/seitenspruenge-traumpfade

- Bernkasteler Bärensteig
- Borjer Ortsbachpädche
- Briedeler Schweiz
- Cochemer Ritterrunde
- Extratour Mehringer Schweiz (Partnerweg)
- Extratour Zitronenkrämerkreuz
- Felsen.Fässer.Fachwerk (Kulturweg St. Aldegund)
- Graf Georg Johannes Weg
- Karlskopf-Panoramaweg
- Kinheim / Wolf
- Kirchspiel's Tälertour
- Kluckertspfad
- Klüsserather Sagenweg
- Leiermannspfad
- Longuicher Sauerbrunnen
- Moselachter
- Moseltalschanzen
- Saar-Riesling-Steig
- Wehrer Rosenberg
- Wein-Wallfahrtsweg

Traumpfade an der Mosel

Ausführliche Informationen dazu unter: traumpfade.info

- Bergschluchtenpfad Ehrenburg
- Bleidenberger Ausblicke
- Eltzer Burgpanorama
- Hatzenporter Laysteig
- Koberner Burgpfad
- Pyrmonter Felsensteig
- Schwalbensteig

– insbesondere wenn man allein wandert – eine intensive Kontemplation. Auch deshalb wurde 2008 der Mosel-Camino markiert, ein Jakobsweg von Koblenz nach Trier, der die religiös-meditativen Orte der Gegend aufreiht wie Muscheln an einer Kette.

Kultur und Geschichte stehen aber auch bei den sogenannten Kultur- und Themenwegen im Mittelpunkt, während die Traumpfade vorwiegend auf imposante Naturerlebnisse ausgerichtet sind. Beide Rubriken der sehr zu empfehlenden Wanderwege sollen hier kurz benannt werden; ausführliche Infos dazu finden Sie unter:

- visitmosel.de und traumpfade.info

Einige dieser Wege werden Ihnen bei den Etappenbeschreibungen zum Moselsteig wieder begegnen.

Ausgewählte Kultur- und Themenwege im Wandergebiet

Untermosel

- Themenweg Zeitreise
- Wein-Wetter-Weg
- Buchsbaum-Wanderpfad
- Lenus-Mars-Weg
- Schiefergrubenweg Lütz
- Kulturweg Dortebachtal
- Apolloweg
- Bienenerlebnispfad
- Archäologischer Wanderweg
- Erlebnis Moselkrampen
- BREVA Wein & Weg
- Briederner Schweiz
- Kulturweg Mesenicher Steinreichskäpp
- Kulturweg Skulpturenpark Senheim-Senhals
- Römergräber Nehren
- Kulturweg Calmont-Region
- Calmont-Klettersteig
- Kulturweg der Religionen
- Eisenbahnhistorischer Kulturweg »Kanonenbahn«
- Würzlaysteig

Mittelmosel

- Eisenbahnhistorischer Kulturweg »Kanonenbahn«
- Collis-Steilpfad
- Loretta-Weg
- Festungsweg Mont Royal
- Kogelherren-Weg
- Riesling-Route
- Schieferpfad
- Themenwege Ürzig
- Kletterweg Erdener Treppchen
- Gewürzgarten
- Von Kurköln zu den Deutschherren
- Kulturweg Grafen, Gold und Schwarzer Peter
- Römersteig
- Stefan-Andres-Weg
- Mehringer Schweiz
- Erlebnispfad Rosen und Wein / Rioler Klettersteig
- UNESCO-Welterbe-Route Trier

Saar-Obermosel

- Erlebnisweg Butzerbachtal
- Deutsch-Luxemburgischer Sauertalweg
- Jakobusweg
- Via Caliga
- Saar-Wein-Weg
- Kasteler Felsenweg
- Nitteler Felsenweg
- Maria-Croon-Weg
- Saar-Rundweg
- Geopfad
- Landschaftsökologischer Lehrpfad »Naturspur am Altarm der Saar«
- Tälchenweg
- Orchideenparadies Wasserliesch
- Wein und Schiefer

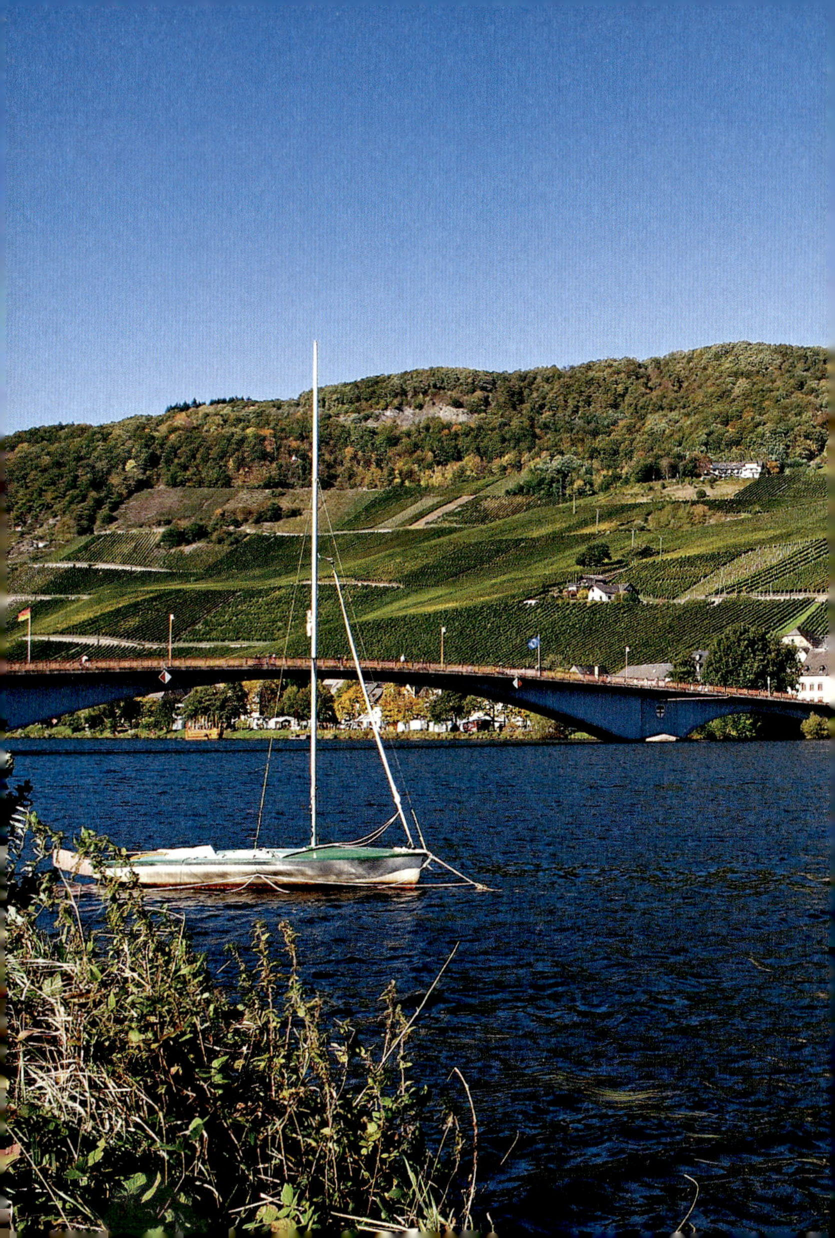

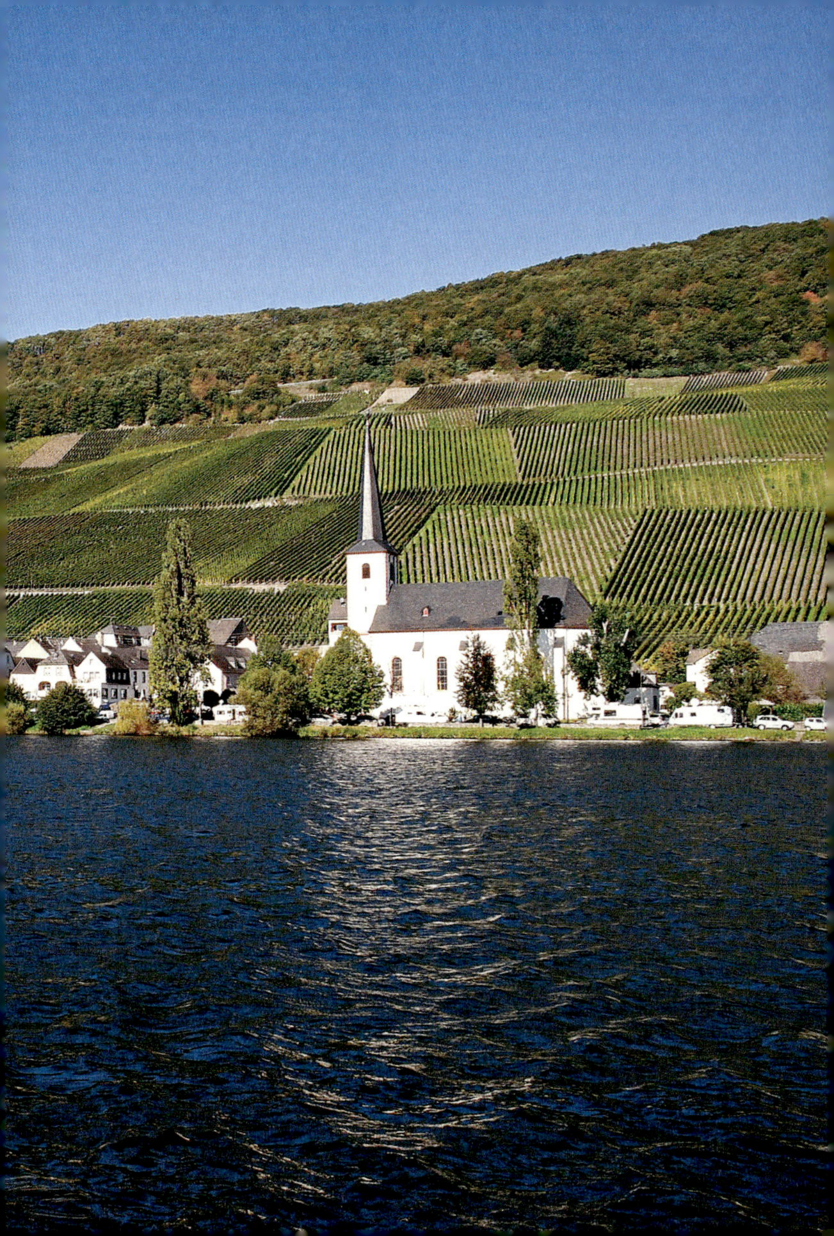

1 Von Perl nach Palzem

5.45 Std.
22,5 km

Stimmungsvoller Beginn am Dreiländereck

Der Auftakt zum Moselsteig führt von der französischen Grenze über die Höhen des Saarlandes nach Palzem, wo die Mosel den Grenzfluss zu Luxemburg bildet. Nach einem recht steilen Auf und Ab am Hammelsberg gewährt die ausgedehnte, beschauliche Wanderung zahlreiche Weitblicke über die sanfte Hügellandschaft und führt Sie durch typische ruhige Dörfer.

Ausgangspunkt: Perl, Palais von Nell/Barockgarten. Erreichbarkeit: Mit der Regionalbahn ab Trier (Bahnhof Perl ca. 1,5 Kilometer außerhalb des Ortes) oder mit dem Auto über die A 8 oder die B 419.
Endpunkt: Palzem, Ortsmitte. Rückfahrt nach Perl mit der Regionalbahn.
Höhenunterschied: Aufstieg 290 m, Abstieg 350 m.
Anforderungen: Mittel. Längere Wanderung mit einem ausgedehnten Anstieg zu Beginn. Aufpassen bei der Überquerung des Dilmarbaches (moosige Trittsteine).
Einkehr: Keine unterwegs, ausreichend Proviant mitnehmen.
Unterkunft: **Perl:** Hotel Maimühle, Bahnhofstraße 100, 66706 Perl, Tel. +49 6867 9113170, maimuehle.de; Hotel Perler Hof, Bergstraße 2-4, 66706 Perl, Tel. +49 6867 561594, perler-hof.de. – **Palzem:** Hotel Rebenhof, Obermoselstraße 9, 54439 Palzem, Tel. +49 6583 537, rebenhof-palzem.de; Hotel Zur Moselterrasse, Bahnhofstraße 27, 54439 Palzem, Tel. +49 6583 610, hotel-zur-moselterrasse.de.
Information: **Perl:** Touristinformation der Gemeinde Perl, Trierer Straße 8, 66706 Perl, Tel. +49 6867 66101, perl-saarschleifenland.de. – **Palzem:** Siehe Folgeetappe.
Wanderkarte: Freizeitkarte Moselsteig (1:25.000), Karte 1: Perl – Trier.

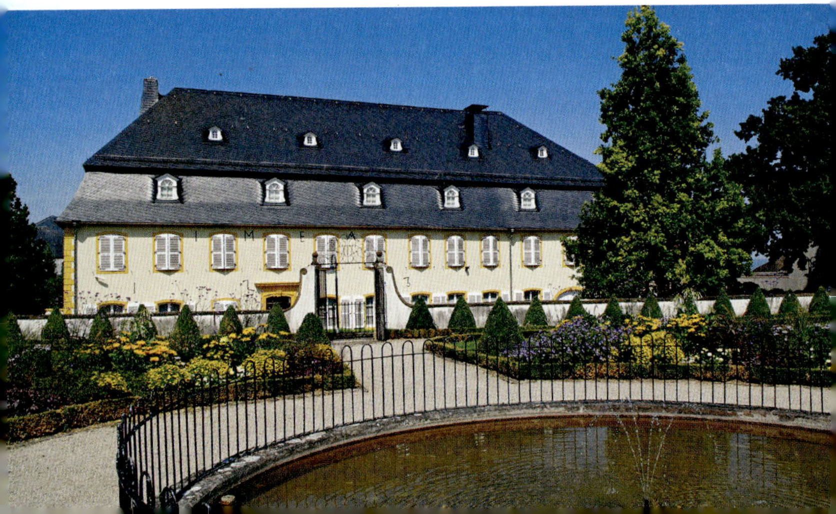

Perl

Zu den Hauptsehenswürdigkeiten von Perl zählen ohne Zweifel das Palais von Nell von 1733 mit seinem schönen Park und die Pfarrkirche St. Gervasius, über deren Westportal sich eine Figur des heiligen Jakobus mit Pilgerstab und Kalebasse befindet. Zudem ist auch die Quirinuskapelle von 1712 zu beachten, die neben einer alten Quelle errichtet wurde. Dieser Quelle und dem Umstand, dass die Reliquien des heiligen Quirinus im April 1050 nach Perl gelangten, verdankt die Kapelle ihren Namen. Quirinus ist der Schutzpatron des Viehs und gilt als Helfer bei Hautkrankheiten, was im Laufe der Jahrhunderte viele Pilger nach Perl brachte. Auf der Gemarkung des Ortsteils Borg befindet sich die eindrucksvolle Rekonstruktion eines römischen Gutshofes mit Wohn- und Wirtschaftshaus sowie Badehaus, Küche, Taverne und großzügiger Gartenanlage. Das Areal liegt allerdings etwa drei Kilometer vom Moselsteig entfernt. Am gegenüberliegenden Moselufer befindet sich ein kleiner luxemburgischer Winzerort, der sich durch das Schengener Abkommen eines Bekanntheitsgrades europäischer Tragweite erfreuen darf.
Perler Weinlagen: Hasenberg, St. Quirinusberg, Sehndorfer Marienberg, Sehndorfer Klosterberg; Großlage: Schloss Bübinger.

Palais und Barockgarten Nell.

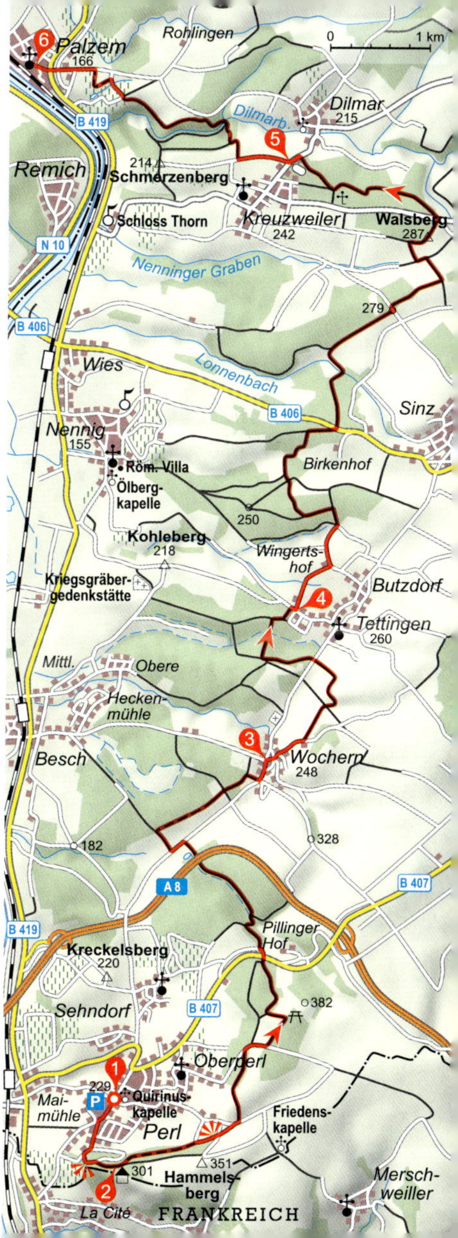

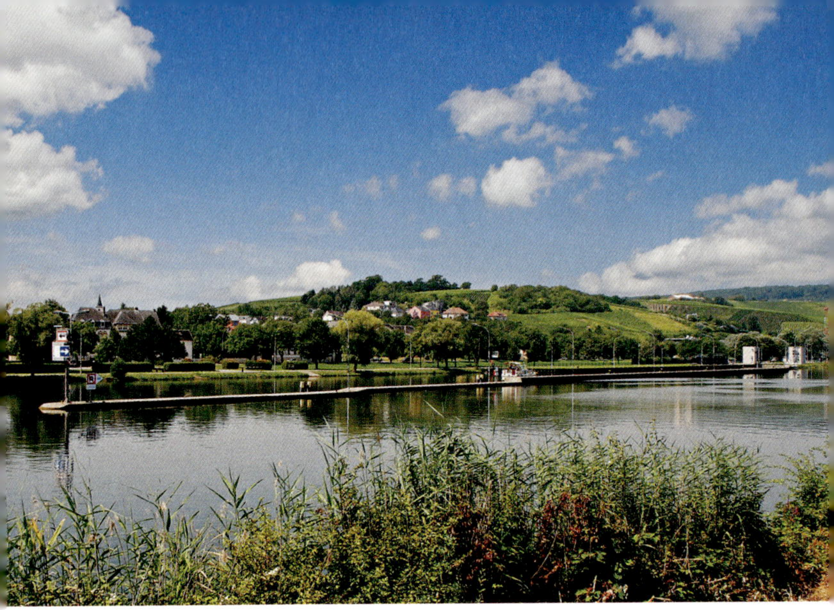

Schleuse auf der Höhe von Palzem.

Perl (1) ist der erste Ort auf deutschem Boden, an dem die Mosel als Moselle von Frankreich kommend vorbeizieht. Ab hier bildet sie bis zur Mündung der Sauer die natürliche Grenze zu Luxemburg.

Der barocke Garten des Palais Nell ist ein würdiger Startpunkt für das Abenteuer Moselsteig und auch wer mit dem Zug am Dreiländereck von Frankreich, Luxemburg und Deutschland eintrifft und dem Moselsteig-Zuweg vom Bahnhof her folgt, sollte unbedingt einen Abstecher zum Garten unternehmen. Vom Parkportal aus folgt man nun, die Quirinuskapelle passierend, der Apacher Straße und der Straße zum Hammelsberg zum offiziellen Startpunkt des Moselsteigs am Wanderparkplatz. Noch ein Blick Richtung Frankreich und schon führt der Weg recht steil bergan zu einer aussichtsreichen **Schutzhütte (2)**. Von hier aus liegt dem Wanderer der Ausgangsort des Moselsteigs wahrlich zu Füßen und es bietet sich die Gelegenheit zur gebührenden Einstimmung auf den Weg.

Im urwüchsig anmutenden Wald steigt der Weg nun stetig an, trifft auf ein Asphaltsträßchen und entschwindet gleich wieder im dichten Buschland. Nur noch selten ergeben sich nun freie Blicke ins breite Moseltal. Etwa 3,8 km nach dem offiziellen Start am Wanderparkplatz kreuzt der Weg ein Feld und streift einen überdachten Rastplatz. Hier ist die Passhöhe erreicht, sodass ein längerer Abstieg in die Talsenke folgt. Nach dem Überqueren der Bundesstraße 407 gelangt man ins idyllische Pfaffenbachtal, um wenig später mit dem Bachlauf etwas überraschend die Autobahn A 8 zu unterqueren. Der Brückentunnel entlässt den Moselsteig in ein liebliches offenes Tal, in dem ein Feld zu umgehen ist, um dem Waldrand nach **Wochern (3)** zu folgen. Das Dorf selbst bietet dem Reisenden einen kurzen Einblick in die zeitgenössische Wohnkultur im saarländischen Hinterland der Mosel. Im Ortskern hält man sich rechts und folgt dem Asphaltweg zwischen Feldern und Obstbäumen Richtung Waldrand. Noch bevor dieser erreicht ist, biegt der Moselsteig linker Hand in einen Feldweg ein. Gut markiert folgt der Weg scheinbar der Laune der Natur, weicht sanften Geländeeinschnitten aus, durchstreift Wiesen, Ackerflächen und einen Wald, in dem er rechtwinklig rechts abzweigt.

Am Ende des Waldstücks wird **Tettingen (4)** tangiert, ein weiteres Dorf ohne besondere Höhepunkte, wäre da nicht das Saarländische Brennereimuseum von Alois Becker. Aber das hebt man sich vielleicht für einen anderen Tag auf. So wendet man sich nach Überqueren des Röllbachs im Taleinschnitt hinter dem großen Gehöft nach links, setzt den Marsch durch die liebliche Feldflur fort, wenngleich es nun waldreicher wird. Die Auf- und Abstiege sind kurz und schmerzlos. Einen stimmungsvollen Talgrund erreicht man schließlich noch einmal, nachdem die B 406 überquert wurde. Nach einem Abstieg im Wald folgt man kurzzeitig dem Lonnenbach, um auf der anderen Talseite am Waldsaum vorbei an Weideflächen empor zu wandern. Nachdem zwei Landstraßen gekreuzt wurden, durchquert der Moselsteig den Breindorfer Wald und erreicht die Anhöhe zwischen Kreuzweiler und Dilmar. Der Weg entscheidet sich zunächst für **Kreuzweiler (5)**, überlegt es sich aber und biegt nach knapp 100 m zwischen Feldern rechts ab. Im anschließenden Wald wartet noch ein echtes Abenteuer, eine Bachquerung auf groben Trittsteinen. Trockenen Fußes ans andere Ufer zu gelangen scheint an einem strahlenden Sommertag keine große Herausforderung zu sein, aber wer diese Stelle nach tagelangen Regenfällen passieren möchte, dem sei bei dieser Gelegenheit schon mal alles Gute gewünscht.

Der Wald verabschiedet sich zunächst einseitig, dann ganz und die offene Flur bietet eine sehr schöne Weitsicht über Felder und Weinberge, die man nun doch schon ein bisschen vermisst hat. Nach **Palzem (6)** sind es aber immer noch 1,3 km – und alles in allem war es doch keine leichte Tour.

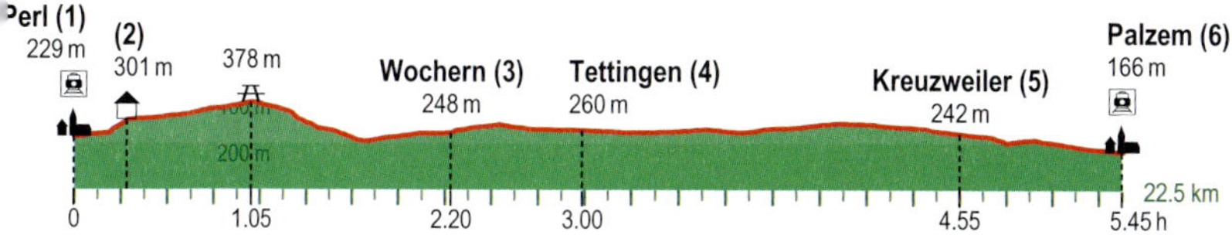

2 Von Palzem nach Nittel

4.00 Std.
14,9 km

Blicke über die Grenze und ein falscher Dom

Beschaulich zieht sich der Weg durch Rebreihen, Ackerflächen und Wälder allmählich bergan. Highlights bilden die alte Helfanter Mühle und der sogenannte Helfanter Dom, bevor sich der Weg vor Wincheringen moselseits schlägt und fortan herrliche Ausblicke auf die Luxemburger Weinlagen gewährt. Der Etappenort Nittel kann schließlich mit einer imposanten Felskulisse punkten.

Ausgangspunkt: Palzem. Erreichbarkeit: Mit der Regionalbahn ab Trier oder mit dem Auto über die B 419.
Endpunkt: Nittel. Rückfahrt nach Palzem per Regionalbahn möglich.
Höhenunterschied: Aufstieg 300 m, Abstieg 270 m.
Anforderungen: Leicht. Wanderung mit kurzen Anstiegen. Wenig Schatten; Vorsicht bei klarem Wetter.
Einkehr: Landhotel-Restaurant Moselblick.
Unterkunft: **Palzem:** Siehe vorherige Etappe. – **Nittel:** Hotel Zum Mühlengarten, Uferstraße 5, 54453 Nittel, Tel. +49 6584 91420, hotel-zum-muhlengarten-by-relax-inn-nittel.hotel-mix.de; Weingut Hubertus M. Apel, Weinstraße 26, 54453 Nittel, Tel. +49 6584 314, apel-weingut.de.
Information: **Palzem:** Tourist-Information Konz, Saarstr. 1, 54329 Konz, Tel. +49 6501 6018040, saar-obermosel.de. – **Nittel:** Siehe Folgeetappe.
Wanderkarte: Freizeitkarte Moselsteig (1:25.000), Karte 1: Perl – Trier.

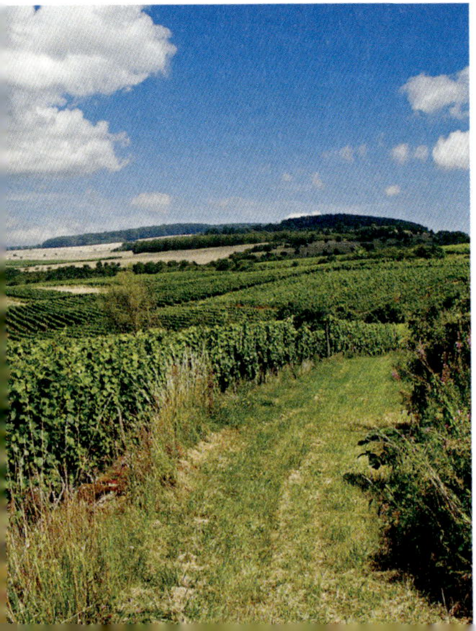

Am östlichen Ortsrand von **Palzem (1)** quert der Moselsteig-Zuweg die B 419 und folgt der K 111 kaum 300 m bis zur kleinen Wegkapelle. Dort treffen Sie auf den Moselsteig, dem Sie linker Hand zwischen Reben und Obstbäumen folgen. An der nächsten etwas größeren Kapelle zweigt der Moselsteig rechts ab und führt, den Sportplatz passierend, im herrlichen Laubwald bergan. Nach Überwindung der Kuppe treffen Sie im lauschigen Wiesengrund auf die alte **Helfanter Mühle (2)**. In der Straßenbiegung geht es nun rechts zwischen den Wiesen leicht bergauf Richtung Helfant.

Auf dem Weg nach Nittel.

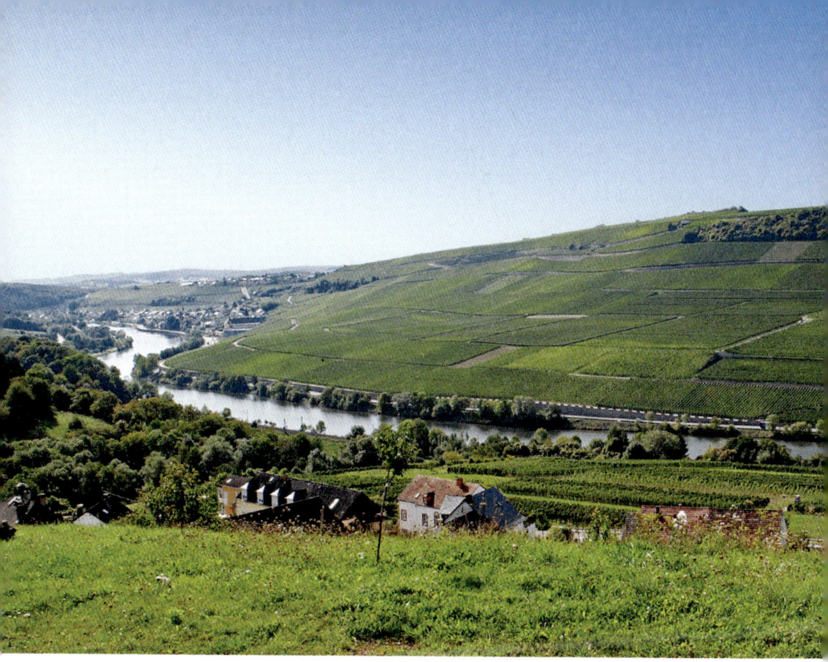

Die Mosel bei Rehlingen.

Schon bald, nachdem der Asphalt einem angenehmeren Feldweg gewichen ist, bauen sich voraus die gewaltigen Doppeltürme der katholischen Pfarrkirche St. Bartholomäus (erbaut 1848–49) auf, die ob ihrer Größe nicht zu Unrecht auch die Beinamen »Helfanter Dom« oder »Dom des Saargaus« trägt. In **Helfant (3)** beschreiben Sie einen Bogen um die Kirche, gehen am Dorfplatz geradeaus (Kirchstraße) und wenden sich am Ortsausgang bei der Kapelle nach halb links. Ein Feldweg führt durch ein Wiesengrün zum Wald hinauf. Nach ca. 1 km müssen Sie am Querweg nach links und treffen wenig später auf die Landstraße, der Sie für knapp 300 m folgen. Im Zickzackkurs

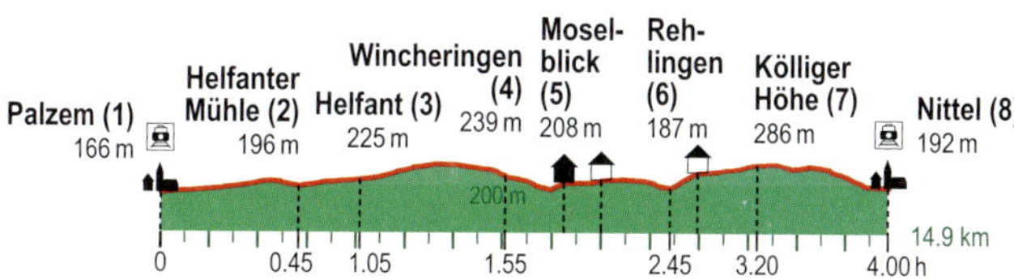

geht es nun um **Wincheringen (4)** herum, was zwar landschaftlich seinen Reiz hat, aber auch schade ist, weil man auf diese Weise Schloss Warsberg und die neugotische Pfarrkirche St. Peter verpasst. Da Wincheringen eine recht interessante Geschichte hat, sei diese jedoch trotzdem kurz beleuchtet.

i ***Wincheringen***

Wahrzeichen dieses land- und weinwirtschaftlich geprägten Ortes ist die ehemalige Wasserburg der Herren von Warsberg, deren imposanter weiß getünchter Bergfried aus dem 15. Jahrhundert 1830 zu einem Glockenturm umfunktioniert wurde. Beachtenswert ist auch das Renaissance-Portal des Herrenhauses. Das Adelsgeschlecht der Warsberger beeinflusste über mehrere Jahrhunderte von Saarburg aus die Geschicke der Region und stellte bis 1793 einen bedeutenden Machtfaktor dar. In unmittelbarer Nachbarschaft des Schlosses befindet sich die neugotische Pfarrkirche St. Peter. Der Name Wincheringen hat vermutlich einen fränkischen Ursprung, wenngleich Funde belegen, dass hier schon zu einer viel früheren Zeit Menschen siedelten. In den Weinbergen an den Moselhängen und den Flanken der Seitentäler wächst auch heute noch großenteils Elbling, eine alte Weinsorte, die schon von den Römern angebaut wurde. Es entsteht daraus ein etwas herberer Wein. Teilweise werden Elblingtrauben aber auch zu Sekt verarbeitet, den man vor Ort probieren sollte.
Weinlagen: Burg Warsberg, Fuchsloch.

Wenn die Mosel und die gegenüberliegenden, zu Luxemburg gehörenden Weinberge ins Blickfeld geraten, ist es nicht mehr weit zum **Gasthaus Moselblick (5)**, das mit einer sehr schönen Terrasse zur Einkehr einlädt.

Der Moselsteig folgt nun in nordöstlicher Richtung der Hangkante, wobei er leider nochmals kurz auf die Landstraße ausweichen muss. Dies sei aber nur der Vollständigkeit halber erwähnt, denn wie es sich gehört, überwiegt liebliche Feld- und Waldflur. Gut beschildert wird mit kurzen Auf- und Abstiegen Rehlingen erreicht.

In **Rehlingen (6)** gehen Sie an der Bergstraße nach rechts und dann gleich wieder nach links hinauf zur Kapelle. Von hier oben bietet sich ein fantastisches Panorama der luxemburgischen Weinberge auf der anderen Moselseite.

An der Rastbank geht es halb rechts weiter. Der Weg führt über einen aussichtsreichen Bergkamm auf Köllig zu. Sie lassen das Dorf talwärts liegen und bleiben auf der **Kölliger Höhe (7)**, wo Sie alsbald einen kleinen Wald durchqueren. Beim Austritt aus dem Wald öffnet sich ein atemberaubender Blick auf die eindrucksvollen Felsformationen oberhalb Ihres Etappenortes **Nittel (8)**. Wenn Sie noch ausreichend Zeit und Lust haben, lohnt ein kurzer Abstecher zur **Nitteler Rochuskapelle**, die 1432 erstmals urkundlich erwähnt wunderschön eingebettet in den Weinbergen liegt.

i *Es ist geradezu unverzeihlich, in* ***Nittel*** *zu nächtigen und keinen* ***Elbling*** *zu probieren, gilt Nittel doch als Zentrum des Anbaus der »vitis alba«, der »weißen Rebe«, wie sie die Römer nannten. Die für die Obermosel typischen sanften Hügel erhalten weniger Reflektionslicht durch die Mosel als die Steilhänge flussabwärts. Dieser Umstand bringt in Verbindung mit Böden aus Sandstein, Muschelkalk und rotem Mergel trockene, spritzige, säurereiche Weine hervor. Die älteste kultivierte Weinrebe Europas wird immer noch auf einem Großteil der Rebflächen rund um Nittel angebaut, wenngleich sie sich zunehmend dem Druck von Silvaner und Riesling ausgesetzt sieht.*

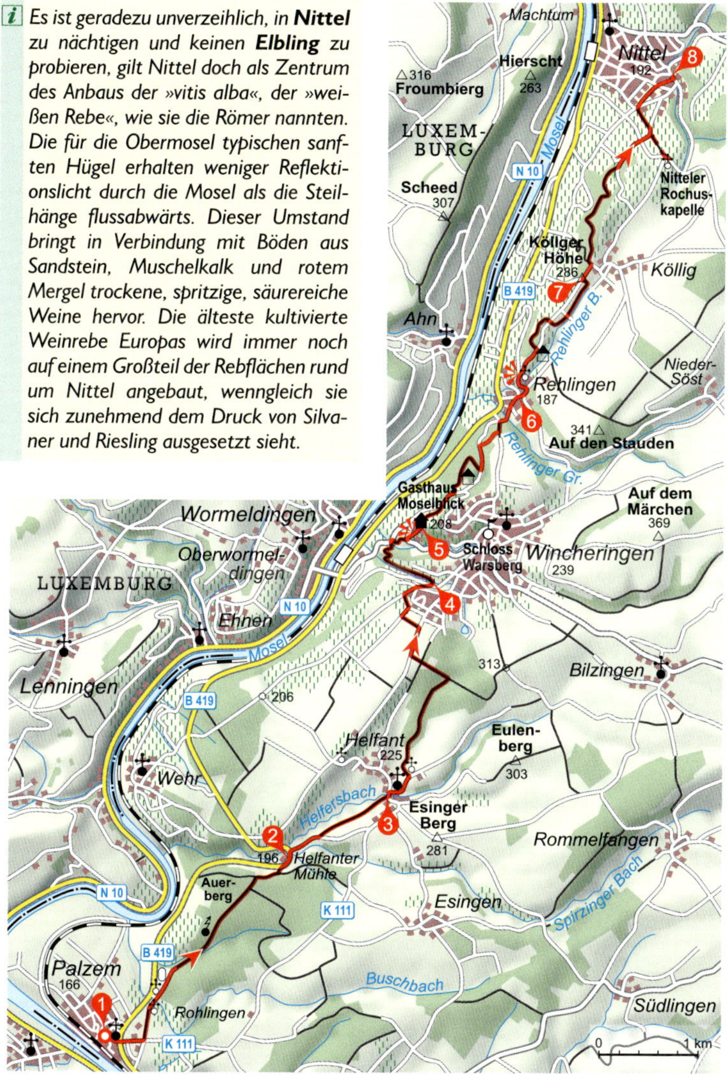

3 Von Nittel nach Konz

5.45 Std.
21,6 km

Bizzare Felsen und das Ende der Saar

Eindrucksvolle Dolomit- und Kalkfelsen bestimmen den Auftakt der Etappe. Bis zum kräftezehrenden Aufstieg zur Löschemer Kapelle dominieren Felder, Wälder und ein romantisches Bachtal das Bild. Den Abschluss machen nach einem steilen Abstieg Wasserliesch und die Mündung der Saar. Der Etappenort Konz vermittelt städtischen Charakter.

Ausgangspunkt: Nittel. Erreichbarkeit: Bahnverbindung zum Hbf. Trier oder mit dem Auto über die B 419.
Endpunkt: Konz. Rückfahrt nach Nittel per Regionalbahn möglich.
Höhenunterschied: Aufstieg 360 m, Abstieg 410 m.
Anforderungen: Mittel. Längere, aber wenig beschwerliche Wanderung mit einem steilen An- und Abstieg in der zweiten Weghälfte. Am Anfang der Etappe wenig Schatten.
Einkehr: Wasserliesch.
Unterkunft: **Nittel:** Siehe vorherige Etappe. – **Konz:** Park Hotel, Granastraße 26, 54329 Konz, Tel. +49 6501 6037987, parkhotel-konz.de; Scheid's Hotel, Reinigerstraße 48, 54332 Wasserliesch, Tel. +49 6501 9209792, scheids-wasserliesch.de.
Information: **Nittel:** Saar-Obermosel-Touristik e.V., Saarstraße 1, 54329 Konz, Tel. +49 6501 6018040, saar-obermosel.de, nittel-mosel.de. – **Konz:** Siehe Folgeetappe.
Wanderkarte: Freizeitkarte Moselsteig (1:25.000), Karte 1: Perl – Trier.

Nitteler Felsen.

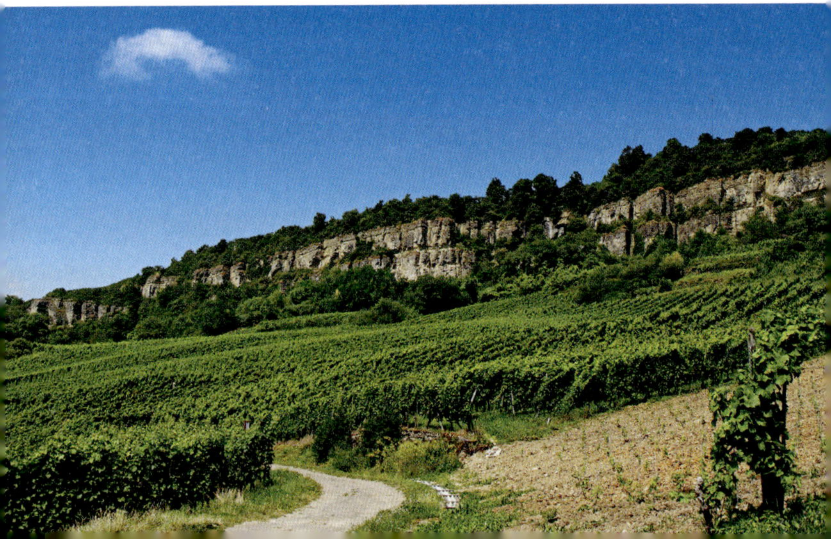

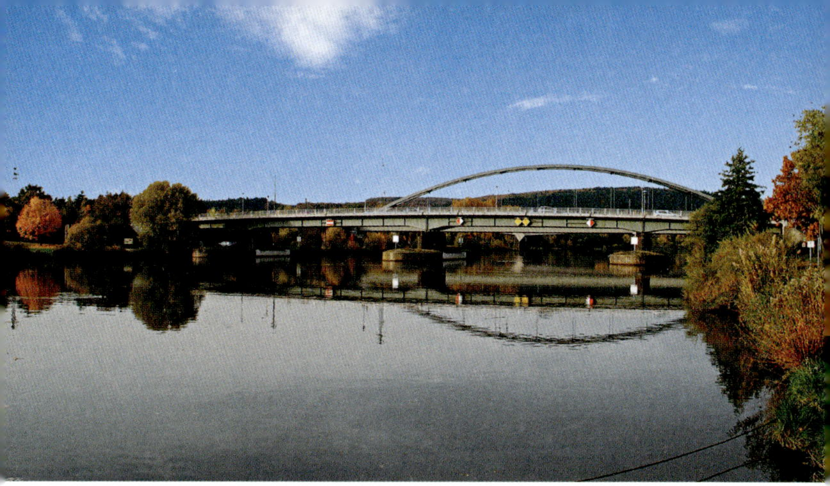

Saarbrücke bei Konz.

In **Nittel (1)** treffen Sie etwas östlich des Ortskerns auf den Moselsteig (Straße: Im Blümchen). Von hier aus führt der Weg aufwärts, bis kurz vor die Phalanx der mächtigen Felsen, wo linker Hand bald ein Feldweg den Asphalt ablöst. Kaum kann man seine Blicke von Klüften und Spalten losreißen, und auch die Schichtung des Sediments ist gut auszumachen. Der ebenfalls beeindruckende Panoramablick auf die Moselschleife gerät dabei fast zur Nebensache – und auch, dass man kurzzeitig wieder Asphalt unter den Sohlen spürt. Der **Nitteler Felsenweg (2)** ist beeindruckend!

***i* Nitteler Felsen**

Die hohen Dolomit- und Kalkfelsen bilden das Naturschutzgebiet Nitteler Fels. Das milde Klima und die Wärmespeicherung bieten den Lebensraum für gefährdete Vogel-, Insekten-, Reptilien- und Fledermausarten. Auch das Vorkommen besonderer, nicht alltäglicher Pflanzen wie Orchideen, Felsbirne, Pfaffenhütchen, Schneeball oder Buchsbaum bezeugen die klimatische Schutzlage. Einige seltene Orchideenarten blühen auf Trockenrasen oberhalb der Felsen. Entstanden sind die Felsen vor 210 Millionen Jahren, als die Wellen des Triasmeeres auf Land trafen.

Nach gut 2 km macht der Weg eine Kehrtwendung, was einen erneuten Aufstieg zur Folge hat. Während der Felsenweg nun der oberen Felskante folgt, obsiegt schließlich doch die Aussicht. Neben Infotafeln mit geologisch Wissenswertem imponiert allen voran die Skulptur eines senkrecht nach oben weisenden Armes. Vorbei an einem Brunnen weiß der Weg trotz zunehmender die Aussicht verwehrender Vegetation mit stetigem Auf und Ab

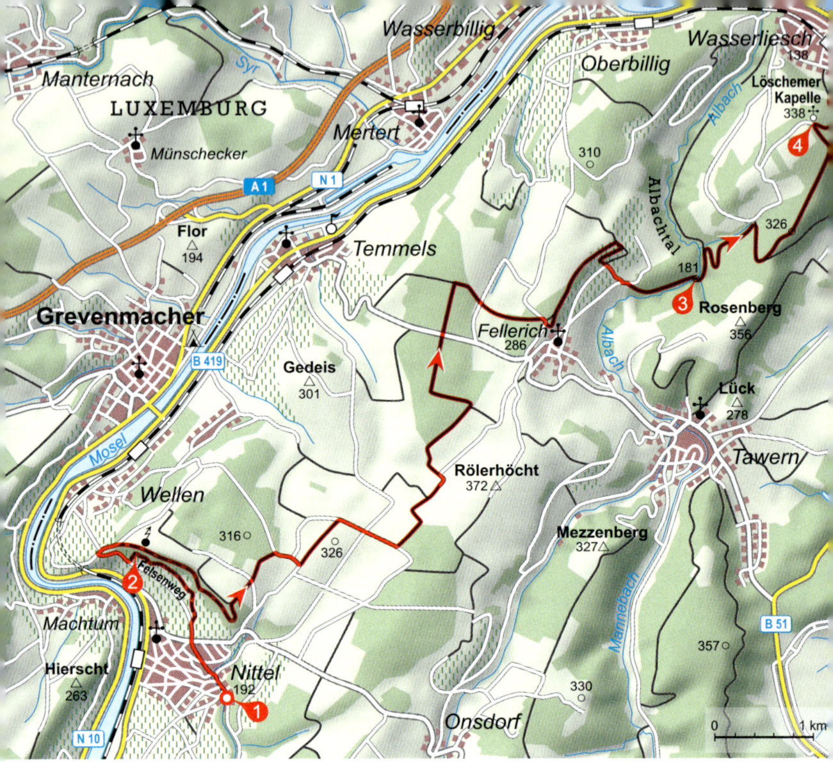

zu gefallen und am Ende der Felskantenpassage lädt eine Bank zur ersten Rast des Tages ein.

Die Verhältnisse ändern sich schlagartig, als der Moselsteig eine weitere U-förmige Kurve spendiert und in einen Feldweg einschwenkt. Weite Blicke über offene sanftwellige Flur vermitteln den Eindruck landwirtschaftlicher Betriebsamkeit, aber zugleich auch von Stille und Einsamkeit. Ruhig und beschaulich geht es zu im Hinterland der Mosel. Die weiten Ackerflächen

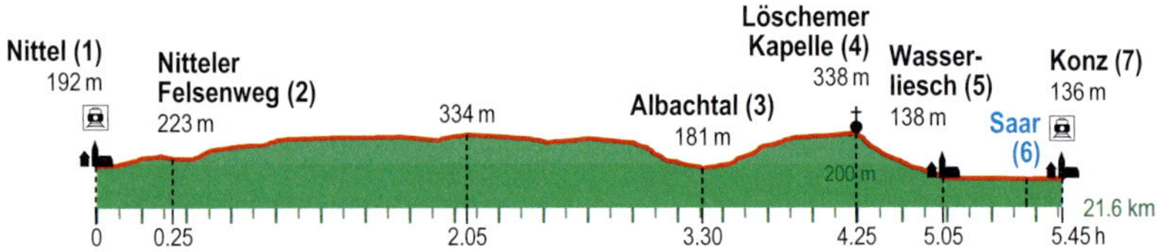

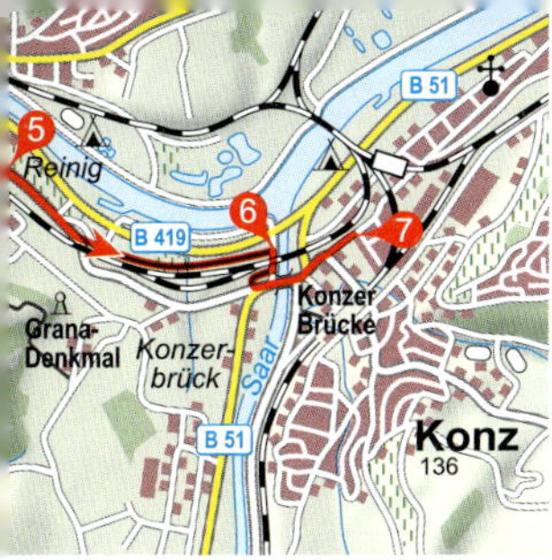

werden immer wieder durch einzelne Wälder aufgelockert, durch die sich auch der Moselsteig ab und an seinen Weg bahnt. Zunächst aber kreuzt der Weg wie auf offener See durch das Fellericher Plateau, während er anschließend dem Dorf **Fellerich** selbst nach zwei kurzen Waldpassagen im weiten Bogen ausweicht.

Nach langen 8 km (ab der zweiten U-Kurve oberhalb des Felsenweges) in Feld und Wald trifft der Moselsteig-Wanderer beim Abstieg ins idyllische **Albachtal (3)** – nun fast überraschend – auf Weinberge. Zu allen Vorzügen, die das liebliche Tal schon im oberen Teil zu bieten hat, gesellt sich beim Eintauchen in den Wald ein plätschernder Bachlauf. Nach etwa 1,5 km, die teilweise auf einem wurzeligen Uferpfad zurückgelegt werden, geht es auf einem breiten Waldweg stetig bergan. Der dichte Mischwald lichtet sich erst kurz vor der **Löschemer Kapelle (4)**, die den Wanderer mit einem sehr schönen Ausblick belohnt.

Gleich an der Kapelle folgt auf steilem Pfad der Abstieg Richtung Moseltal. Etwa 1 km hinter der Kapelle sollte man genau auf die Beschilderung achten und den Abzweig nach links nicht verpassen. Dort führt der schmale, rasch an Höhe verlierende Pfad hinunter nach **Wasserliesch (5)**, wo eine Einkehr möglich ist. Die Gleise und eine befahrene Straße passierend geht es nun an eben diesen entlang Richtung Konz – sicherlich der unattraktivste Teil der heutigen Tour. Hinter der Kläranlage erreichen Sie dann aber doch noch einen Höhepunkt – die **Saarmündung (6)**! Die Brücke darüber ist ein Verkehrsnadelöhr, sollte die Stimmung aber nicht allzu sehr trüben, denn auf der anderen Seite liegt **Konz (7)**, das Ziel einer äußerst abwechslungsreichen Etappe.

i Konz

Das Mittelzentrum mit seinen gut 30.000 Einwohnern setzt neben Handel, Gewerbe und Industrie auch auf Weinbau und Tourismus. Durch die Saarmündung war der Ort schon zu Zeiten der Kelten und Römer von großer Bedeutung. Letztere bauten hier eine imposante Brücke über die Saarmündung und hatten vor 2000 Jahren ihren Wein hier angepflanzt. Im 4. Jahrhundert n. Chr. ließ der römische Kaiser Konstantin in Konz einen Kaiserpalast errichten, dessen Mauerreste noch heute sichtbar sind. Zudem geben Schautafeln und eine Metallskulptur Überblick über das Ausmaß der einstigen römischen Palastanlage.

Unbedingt zu empfehlen ist ein Besuch des Freilichtmuseums Roscheider Hof, einem der größten deutschen Volkskundemuseen. Hier wird vergangenes ländliches Leben an Mosel und Saar, Eifel und Hunsrück durch historische Gebäude und Alltagspräsentationen eindrucksvoll veranschaulicht.

4 Von Konz nach Trier

4.30 Std.
16,9 km

Waldreicher Anlauf zur alten Römerstadt

Vom lebhaften Konz überquert man eine lange Moselbrücke, um Auenwälder zu passieren und Zewen zu streifen. Was folgt, ist ein lang gezogener Aufstieg in abgeschiedene Wälder, in die man nach kurzem Felder-Intermezzo zurückkehrt. Kurz vor Trier lohnt es sich, dem Moselsteig kurzzeitig untreu zu werden, um einen der schönsten Ausblicke auf Trier zu genießen.

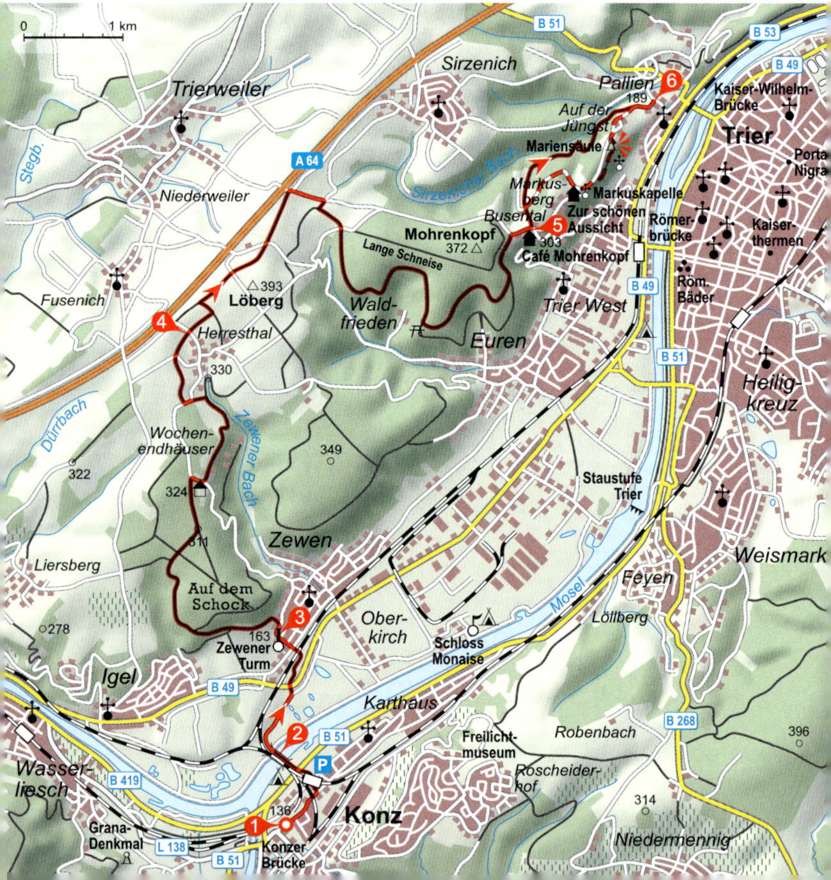

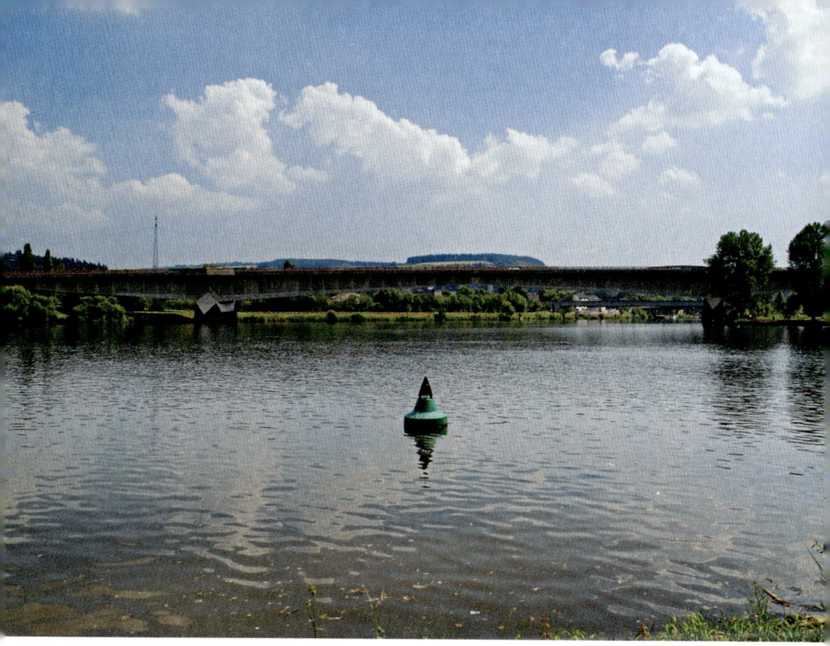

Saarmündung.

Ausgangspunkt: Konz. Erreichbarkeit: Bahnverbindung zum Hauptbahnhof Trier oder mit dem Auto über die B 51 oder die B 419.
Endpunkt: Trier. Rückfahrt nach Konz per Regionalbahn möglich.
Höhenunterschied: Aufstieg 300 m, Abstieg 250 m.
Anforderungen: Leicht. Zumeist breitere Waldwege. In den Tälern können einige Passagen bei feuchter Witterung rutschig sein.
Einkehr: Zewen, Café Mohrenkopf.

Unterkunft: Konz: Siehe vorherige Etappe. – **Trier:** Schroeders City-Style-Hotel, Johannisstraße 16, 54290 Trier, Tel. +49 651 99499610, schroedershotels.com. ante porta, Paulinstraße 66, 54292 Trier, Tel. +49 651 436850, hotel-anteporta.de.
Information: Konz: Saar-Obermosel-Touristik e. V., Saarstraße 1, 54329 Konz, Tel. +49 6501 6018040, konz.de, saarobermosel.de. – **Trier:** Siehe Folgeetappe.
Wanderkarte: Freizeitkarte Moselsteig (1:25.000), Karte 1: Perl – Trier.

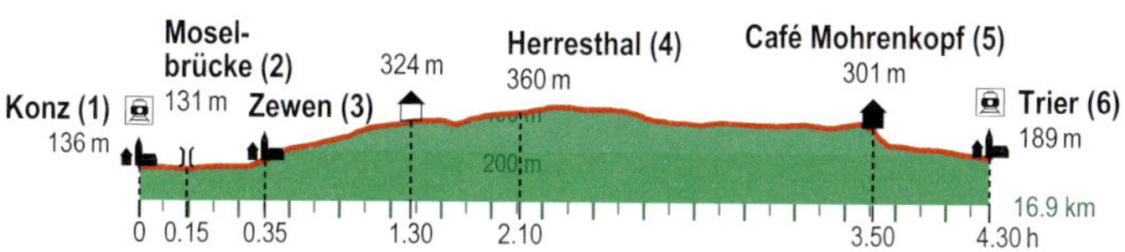

Konz (1) zeigt dem Moselsteig nicht gerade seine schönste Seite, wenn dieser vom Kreisverkehr an der S-Bahn-Station der Granastraße ostwärts folgt. Zunächst geht es über die Bahnlinie, dann unter einer kreuzenden Straße durch und kurz nach links. Abermals ist eine Bahnlinie zu unterqueren, bevor man in Sichtweite eines großen Parkplatzes linker Hand zur **Moselbrücke (2)** abzweigt (Radweg nach Zewen). Schnell lässt der Fluss die städtische Hektik vergessen und auch die begleitende Eisenbahnlinie stört kaum. Breit ist die Mosel dank der tatkräftigen Unterstützung der Saar und so misst die Brücke mehr als 200 m. Erstmalig seit seinem Beginn in Perl wechselt der Moselsteig die Flussseite. Bislang wäre man ja auch in Luxemburg gelandet. Wer will, kann nach der Moselbrücke noch einen kurzen Abstecher zur Saarmündung unternehmen (etwa 400 m moselaufwärts), die vom gegenüberliegenden Ufer gut zu erkennen ist.
Nach 1,2 km auf asphaltiertem Untergrund durch eine auenwaldartige Vegetation erreicht man den Trierer Stadtteil **Zewen (3)**, der sich am westlichen Ortsrand als reines Wohnquartier zeigt. Einzig erwähnenswert ist der Zewener Turm, ein alter Zoll-, Wach- und Verteidigungsturm, der einst die Grenze zu Luxemburg markierte. Er stammt aus dem 11. Jahrhundert und gilt als ältestes Gebäude und Wahrzeichen von Zewen. Der Moselsteig führt direkt daran vorbei und dort beginnt auch der nun folgende, sich über etwa 3 km hinziehende Anstieg. Er endet an der Schutzhütte, hinter der Sie spitzwinklig rechts abbiegen und für 100 m der Landstraße folgen. Links abzweigend nähert sich der Weg anschließend **Herresthal (4)**, wendet sich jedoch vor den ersten Häusern rechtwinklig nach links. Nach 50 m auf der Landstraße biegen Sie rechts ab und tangieren das landwirtschaftlich geprägte Dorf ohne Einkehrmöglichkeit am jenseitigen Ortsrand. Der Weg folgt nun etwas unschön der Autobahntrasse, um nach ca. 1,4 km südostwärts zu streben und bald schon wieder in den Wald einzutauchen. Der bequeme Waldweg folgt in seinem Verlauf der natürlichen Formation des Geländes und der **Eurener Wald** selbst beeindruckt mit frischer Luft, hohen Bäumen und wegen der Hanglage auch weiten Forstblicken. Bis zum Café Mohrenkopf sind es nun gut vier kurzweilige Kilometer ohne größere Auf- oder Abstiege, wobei Sie quasi als Vorgeschmack am Rastplatz auf den Mohrenkopfweg einschwenken.
Der Biergarten des **Café Mohrenkopf (5)** bedarf ebenso einer besonderen Erwähnung wie der leckere Kuchen. Frisch gestärkt läuft es sich eben doch angenehmer, zumal der nun folgende steile Abstieg ins **Busental** volle Konzentration fordert.
Am Wegkreuz bei den wenigen Häusern haben Sie nun die Wahl, den Moselsteigzeichen in den idyllischen Wiesengrund zu folgen oder am Markusberg der gleichnamigen Kapelle und der berühmten Mariensäule Ihre Aufwartung zu machen. Wer den Wiesengrund vorzieht, erreicht flankiert vom Sirzenicher Bach durch Wald und am schlossartigen Robert-Schumann-

Haus vorbei den Trierer Stadtteil **Pallien (6)**, von wo aus ein Zuweg in die Stadtmitte führt.
Die **Variante** zweigt im Weiler Busental rechts ab und erklimmt die Siedlung **Markusberg**. Hinter dem Hotel-Restaurant »Zur schönen Aussicht« (Übernachtungsmöglichkeit) finden Sie die besagte Kapelle, während Sie zur **Mariensäule** einfach dem Hangsaumweg nach halb links folgen. Die Aussicht vom Plateau der Mariensäule auf **Trier** ist wirklich spektakulär. Und das hochherrschaftliche Robert-Schumann-Haus passieren Sie beim Abstieg schließlich auch noch. Dahinter treffen Sie dann auch wieder auf den Moselsteig. Ein Zuweg führt in die Stadtmitte.

Unterwegs im stillen Hinterland.

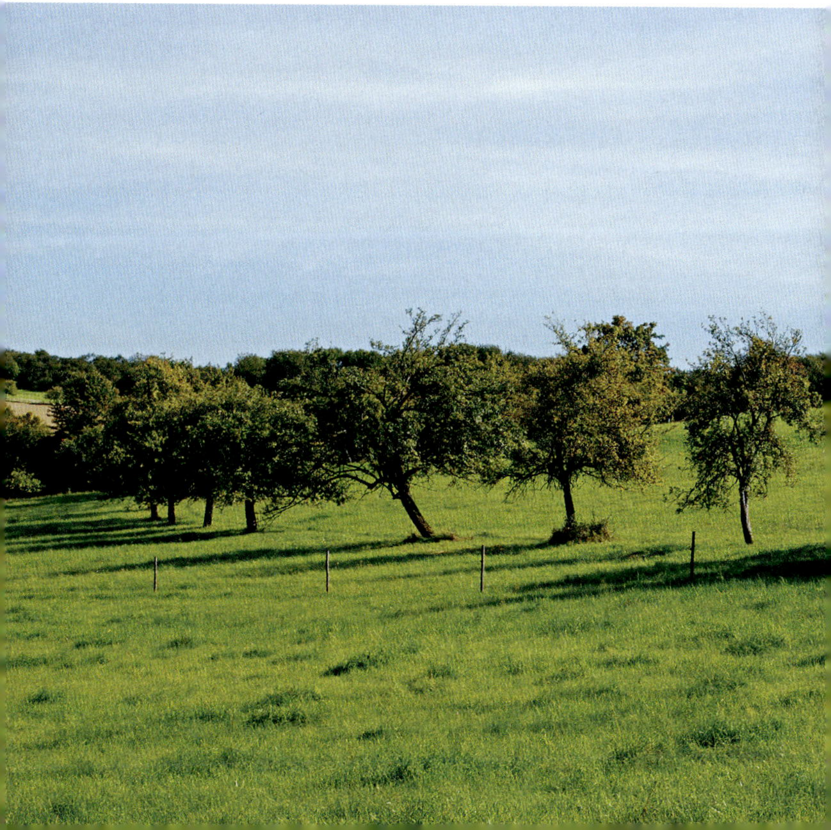

Stadtporträt: Trier

Trier gilt als die älteste deutsche Großstadt und blickt dabei auf eine mehr als 2000-jährige Geschichte zurück. Für das römische Imperium war Augusta Treverorum eine der wichtigsten Städte nördlich der Alpen, doch bereits in vorrömischer Zeit hatten die Treverer, ein keltischer Volksstamm in der Region, ein ausgedehntes Straßennetz und sogar Brücken über die Mosel errichtet. Wenn man sich vor Augen führt, dass Trier zur Blütezeit seiner römischen Vergangenheit etwa 80.000 Einwohner zählte (heute: rund 110.000), so wird die Bedeutung dieser Epoche klar. Allein die heute noch sichtbaren Baudenkmäler aus der Zeit der spätrömischen Kaiserresidenz belegen den Stellenwert Triers.

Bekanntestes Bauwerk und gleichzeitig das Wahrzeichen der Stadt ist das bestens erhaltene ehemalige nördliche Stadttor, die Porta Nigra. Das »Schwarze Tor« war eines von vier Stadttoren der römischen Großstadt Augusta Treverorum. Es wurde um 180 n. Chr. als nördlicher Zugang gebaut. Der Name Porta Nigra stammt aus dem Mittelalter und ist wohl dadurch zu erklären, dass sich der Kordeler Sandstein mit der Zeit schwarz färbte. Zu dieser Zeit wurde das Tor auch zur Simeonskirche umgebaut, was möglicherweise seine Nutzung als »Steinbruch« für andere Bauwerke verhinderte. Es war schließlich Napoleon Bonaparte, der dem Stadttor sein ursprüngliches Aussehen aus dem 2. Jh. wiedergab, indem er alle nicht antiken Aufbauten entfernen ließ.

Monumental muten die ausgedehnten Badeanlagen an, die den imperialen Anspruch der Römer eindrucksvoll untermauern. Allen voran die Kaiserthermen, die allerdings niemals zu ihrer eigentlichen Bestimmung fanden. Mit dem Bau der Kaiserthermen um 300 n. Chr. sollte einmal mehr der Reichtum und die Macht der römischen Stadt Augusta Treverorum demonstriert werden. Nachdem sich aber Kaiser Konstantin von Trier abwandte und Konstantinopel zu seinem Regierungssitz machte, geriet das Großprojekt ins Stocken. Das ging so weit, dass die Thermen niemals mit Wasser gefüllt wurden. Stattdessen wurde das Bauwerk zu einer Kaserne umfunktioniert. Später diente es der Trierer Bevölkerung als Fluchtburg und war im Mittelalter Eckbastion der Stadtmauer. Heute finden hier Antikenfestspiele statt. Tatsächlich in Betrieb waren die Thermenanlage am Viehmarkt, die erst 1987 entdeckt wurde, und die Barbarathermen aus dem 2. Jh. Letztere waren nach den Trajansthermen in Rom die zweitgrößte Thermenanlage im gesamten Römischen Reich.

Die sogenannte Konstantin-Basilika, die sich in der Nähe des Kaiserthermenareals befindet, diente zu Zeiten der kaiserlichen Residenz in Trier als Palastaula für Empfänge, Audienzen und Feste. Sie stammt aus dem 3. Jh. Etwas außerhalb der Innenstadt kann zudem ein gut erhaltenes Amphitheater besichtigt werden. Es bot ca. 20.000 Zuschauern Platz, was ein weiteres Indiz für die Größe und Bedeutung der Stadt als wirtschaftliches, administratives

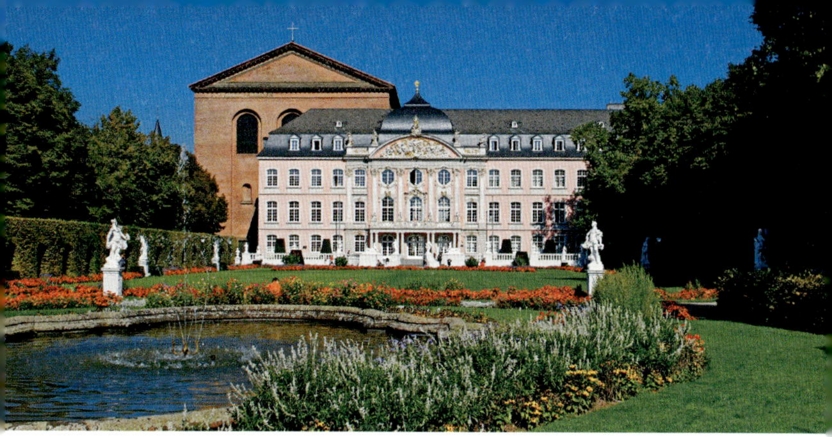

Konstantin-Basilika und Kurfürstliches Palais in Trier.

und religiöses Zentrum zur Zeit der Römer ist. Während der konstantinischen Wende, in dessen Zuge das Christentum im Jahre 380 schließlich zur römischen Staatsreligion erhoben wurde, entstand um ca. 330 n. Chr. unter maßgeblicher Mitwirkung Bischof Maximins in Trier eine der größten Kirchen Europas, der Trierer Dom. Obwohl der Dom mehrfach zerstört und wieder aufgebaut wurde, erkennt man noch deutlich den spätrömischen Baustil.

Im frühen 5. Jh. eroberten die Franken die Stadt und ihre Herrschaft sollte lange anhalten. Die eigentlichen Herren der Stadt waren aber die mächtigen Erzbischöfe, denen Grafengewalt und Gerichtsbarkeit zuerkannt wurde.

Eine Vielzahl historischer Gebäude finden Sie vor allem in der Nähe des Hauptmarktes mit dem Petrusbrunnen von 1595 und einer Nachbildung des Marktkreuzes aus dem Jahre 958 als Zeichen des alten Marktrechts. Eine besondere Würdigung verdient dabei neben der spätgotischen Stadtpfarrkirche St. Gangolf die sogenannte Steipe, das alte Rathaus aus dem 15. Jh. mit seinen gotischen Bögen. Richtung Porta Nigra sollten Sie auf der Simeonstraße das Dreikönigenhaus beachten, ein frühgotisches Wohnhaus aus dem 12. Jh. Zwischen 1356 und 1803 war Trier Kurfürstentum. Um 1600 entstand das Kurfürstliche Palais mit seinen sehenswerten Parkanlagen. Unsinnigerweise wurde für den Bau ein Teil der Konstantin-Basilika abgerissen (später wieder rekonstruiert), was zu dem heute etwas eigentümlich wirkenden Ensemble führte. In Trier befindet sich auch das Geburtshaus von Karl Marx, das in der Brückenstraße 10 besucht werden kann.

Trierer Weinlagen: Augenscheiner, Domherrenberg, Deutschherrenberg, Jesuitenwingert, Deutschherrenköpfchen, Burgberg, Benediktinerberg, Kurfürstenhofberg, Thiergarten Felsköpfchen, Thiergarten Unterm Kreuz, St. Petrusberg.

5 Von Trier nach Schweich

5.00 Std.
18,8 km

Über rote Felsen zum Riesenkreuz

Eine anspruchsvolle und abwechslungsreiche Tour führt über imposante Sandsteinfelsen von der alten Römerstadt aus flussabwärts, wo kernige Aufstiege, spektakuläre Ausblicke und ein riesiges Stahlkreuz warten. Gegen Ende verflacht die Tour in jeder Hinsicht, bis endlich wieder die ersten größeren Weinlagen ins Blickfeld geraten.

Ausgangspunkt: Trier-Pallien, Kaiser-Wilhelm-Brücke. Erreichbarkeit: Mit dem Zug zum Hbf. Trier oder mit dem Auto über die A 602 oder die B 51.
Endpunkt: Schweich. Rückfahrt nach Trier per Bus oder Regionalbahn möglich.
Höhenunterschied: Aufstieg 410 m, Abstieg 470 m.
Anforderungen: Mittel. Wanderung mit einigen steilen Auf- und Abstiegen, teilweise auf schmalen Pfaden, einmal über Stufen.
Einkehr: Weisshaus kurz nach dem Start, Biewer, Ehrang.

Unterkunft: Trier: Siehe vorherige Etappe. – **Schweich:** Hotel Grefen, Brückenstraße 31, 54338 Schweich, Tel. +49 6502 92400, hotel-grefen.de; Mittlers Restaurant & Hotel, Brückenstraße 1, 54338 Schweich, Tel. +49 6502 995190, mittlers-restaurant.de.
Information: Trier: Trier Tourismus und Marketing GmbH, Touristinformation, An der Porta Nigra, 54290 Trier, Tel. +49 651 978080, trier-info.de. – **Schweich:** Siehe Folgeetappe.
Wanderkarte: Freizeitkarte Moselsteig (1:25.000), Karte 2: Trier – Zell.

Blick vom Felsenweg auf Trier.

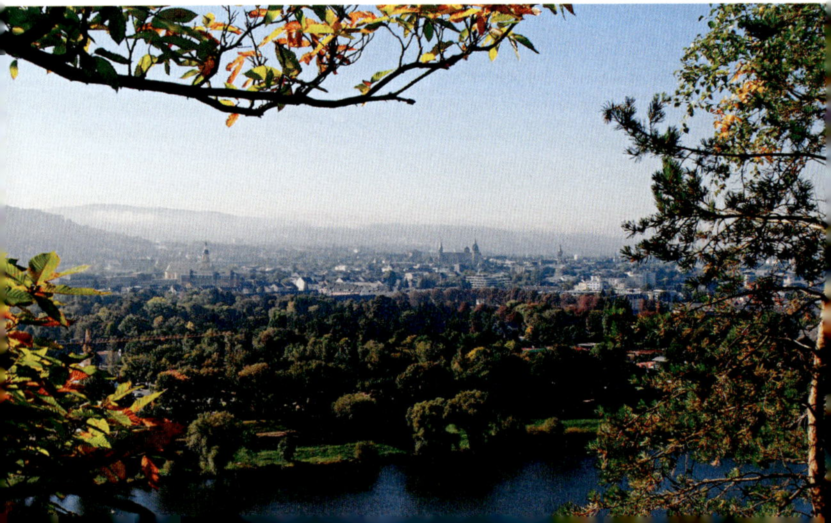

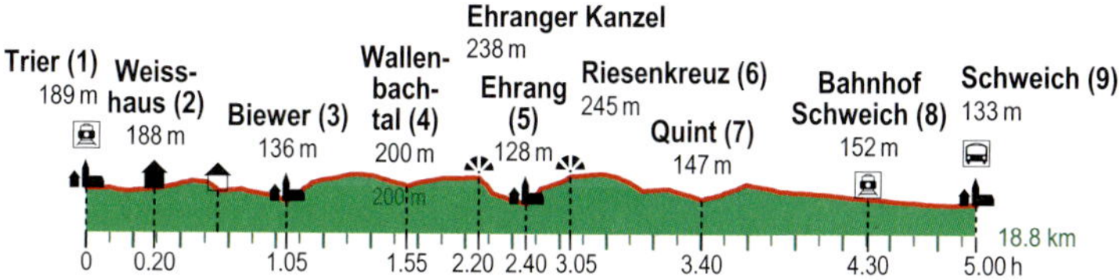

Je nachdem, wo Sie in **Trier** Quartier bezogen haben, beginnt Ihre Wanderung auf dem Zuweg in der Innenstadt, im Stadtteil **Pallien (1)** oder an der Universität.
Gleichwohl wäre vielleicht das bekannte **Drachenhaus** ein guter Ausgangspunkt für den Beginn der heutigen Tour. Der Moselsteig verläuft an der Kopfseite des etwas verwildert aussehenden Parks entlang und steigt im Wald zum Aussichtsrestaurant **Weisshaus (2)** empor, wo er in den beachtlichen Felsenweg einschwenkt. Roter Sandstein sticht leuchtend hell vom Grün der niedrigen Bepflanzung ab und vermittelt ein Bild südlicher Gefilde, während ein ums andere Mal beeindruckende Aussichten auf die alte Stadt Trier miteinander wetteifern. Kleinere An- und Abstiege werden dabei zur Nebensache und man ist wirklich ein bisschen traurig, wenn man im Angesicht des Abschieds von dieser Passage den Abstieg nach **Biewer (3)** in Angriff nimmt.
Im Ort lässt der Moselsteig zwei sich in die engen Täler hineinschlängelnden Siedlungsarme links liegen und strebt an einem alten Turm vorbei Richtung Zentrum. Völlig unpassenderweise wird dabei die Donaustraße passiert. Am Jakobusbrunnen heißt es an der Hauptstraße links und nach nur 60 m entschwindet der Steig über einen steilen alten Treppenweg zwischen den Häusern. Bis zur Kuppe setzt sich der kernige Aufstieg fort, um auch danach rechter Hand nur unwesentlich nachzulassen. Ach ja, Moselsteig, welch trefflicher Name!
Erst längs der ausgedehnten Weideflächen wird es gemächlicher und bei der Siedlung »Auf der Bausch« taucht der Weg in einen stimmungsvollen Wald ein. Kurz vor der Autobahn queren wir das **Wallenbachtal (4)**. Weiter im dichten Laubwald folgt ein mäßiger Anstieg zur aussichtsreichen Ehranger Kanzel mit Schutzhütte und Rastplatz. Der Steilabstieg endet dort, wo die Kyll aus dem engen Kerbtal ins breite Moseltal ausfließt.
Hinter dem Bahnübergang präsentiert sich **Ehrang (5)** als einladend und eine Einkehr bietet sich nach halber Wegstrecke geradezu an. Die Kyllstraße bringt Sie zur Kirche, wo sich der Moselsteig nach rechts wendet und dann tatsächlich dem stufenreichen Kreuzweg zur Heidenkapelle von 1375 folgt. Kurz danach erreicht man einen Ort für körperliche Erholung: Vom **Riesenkreuz (6)** auf den Heidenstuben bietet sich ein fulminanter Ausblick auf – nun ja – die ausgedehnten Industrieanlagen von Pfalzel.

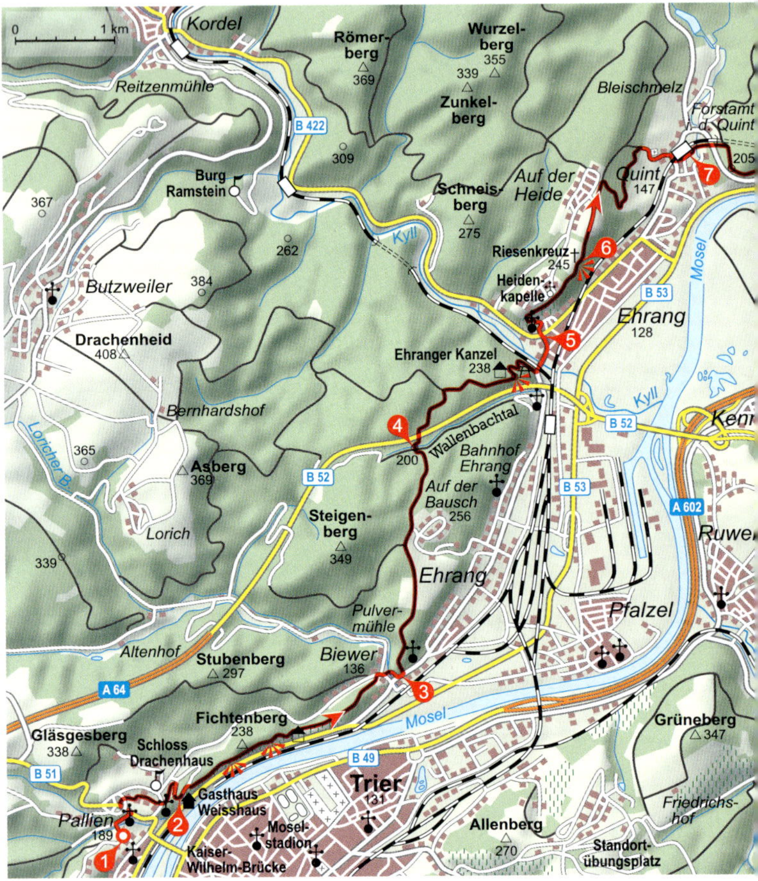

Der Weg zieht sich nun an der stark bewachsenen Hangkante zur Siedlung »Auf der Heide«, wo er in den Wald eintaucht. Nach etwa 300 m auf dem breiten Forstweg schlägt sich der Moselsteig unvermittelt nach rechts in die Büsche und bringt den Wanderer unter massiven Höheneinbußen nach **Quint (7)**. Dort überquert man die Bahnlinie, passiert eine Siedlung, folgt dem Schienenstrang und für 50 m der Landstraße, bevor es linker Hand wieder in den Wald geht. Der anfängliche Pfad trifft bald auf den breiten Wald-

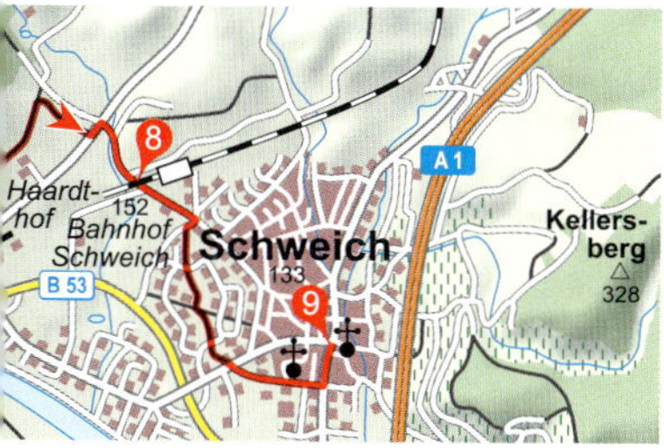

weg und nach einem kleinen Anstieg tangiert man sanft abwärts gleitend die Haardthof-Siedlung.
Hier entlässt Sie der Wald in die offene Felder- und Wiesenlandschaft, die bis zum Erreichen der Straße durchaus Freude bereitet. Das letzte Teilstück hingegen ist eine echte Herausforderung und fällt gegenüber der bisherigen Strecke deutlich ab. Neben der Straße passiert man den außerhalb von Schweich gelegenen **Bahnhof (8)**, ein Gewerbe- und ein Neubaugebiet. Schließlich erreicht man über die Bernhard-Becker-Straße den Ortskern von **Schweich (9)** mit schönen Gasthöfen für die abendliche Einkehr. Wer noch nicht zu müde ist, sollte dem Moselufer einen Besuch abstatten, denn am alten Fährturm gibt es einen Jachthafen und ein Ausflugslokal mit Terrasse. Aber auch literarisch Interessierte kommen auf ihre Kosten.

i ***Stefan Andres:*** *Wer länger in* ***Schweich*** *weilt, kann die Stefan-Andres-Gesellschaft im mittelalterlichen, restaurierten Niederprümer Hof besuchen. Hier findet sich neben einer ständigen Ausstellung mit Dokumenten, Briefen, Fotos, Erstausgaben, Handschriften, Büsten, Gemälden und Möbeln auch eine umfangreiche Präsenzbibliothek zum Leben und Wirken des Schriftstellers. Zwischen Schweich und Leiwen wurde Stefan Andres auch ein Wanderweg gewidmet, der seinen Namen trägt und den Moselsteig auf den kommenden Etappen ein Stück weit begleitet.*

Auf dem Felsenweg.

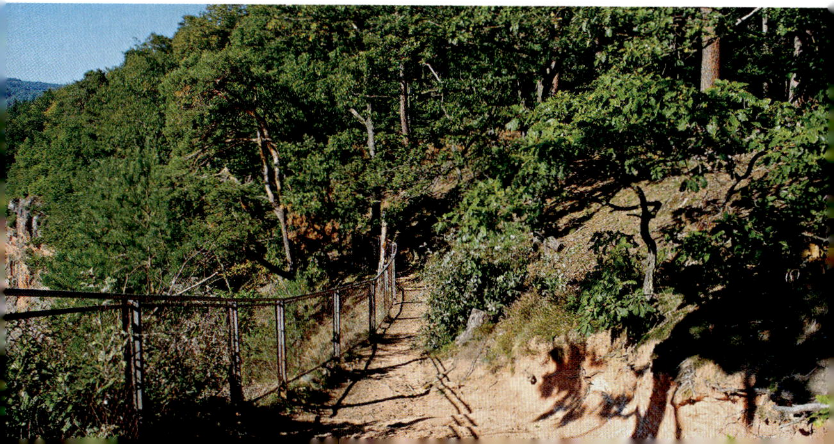

6 Von Schweich nach Mehring

3.15 Std.
11,8 km

Der Mehringer Berg und die Huxlay

Eine kurze Etappe, die es dennoch in sich hat, denn der Aufstieg zum Mehringer Berg erfordert Kondition. Oben erwarten den Wanderer üppige Wiesen, die bei nasser Witterung auch matschig sein können. Auf der Huxlay findet man zahlreiche Aussichtsbänke und Unterhaltungsinstallationen vor, wie beispielsweise den Gesundheitspark oder ein »Denkmal« des Saufbähnchens.

Ausgangspunkt: Schweich, Pfarrkirche St. Martin. Erreichbarkeit: Regionalbahn ab Trier (Bahnhof 2 km außerhalb), mit dem Auto über die A 1 oder die B 53.
Endpunkt: Mehring. Rückfahrt nach Schweich per Bus möglich.
Höhenunterschied: Aufstieg 320 m, Abstieg 330 m.
Anforderungen: Leicht. Lediglich der kurze Steilanstieg zum Mehringer Berg erfordert etwas Kondition. Längere schattenlose Abschnitte.
Einkehr: Unterwegs keine, ausreichend Proviant mitnehmen.
Unterkunft: Schweich: Siehe vorherige Etappe. – **Mehring:** Hotel Zum Fährturm, Peter-Schroeder-Platz 2, 54346 Mehring, Tel. +49 6502 2403, faehrturm-mehring.de; Hotel Zum Moseltal, Peter-Schroeder-Platz 1, 54346 Mehring, Tel. +49 6502 2656, hotel-moseltal.de.
Information: Schweich: Römische Weinstraße e.V., Tourist-Information, Brückenstraße 46, 54338 Schweich, Tel. +49 6502 93380, roemische-weinstrasse.de. – **Mehring:** Siehe Folgeetappe.
Wanderkarte: Freizeitkarte Moselsteig (1:25.000), Karte 2: Trier – Zell.

Ausblick am Mehringer Berg.

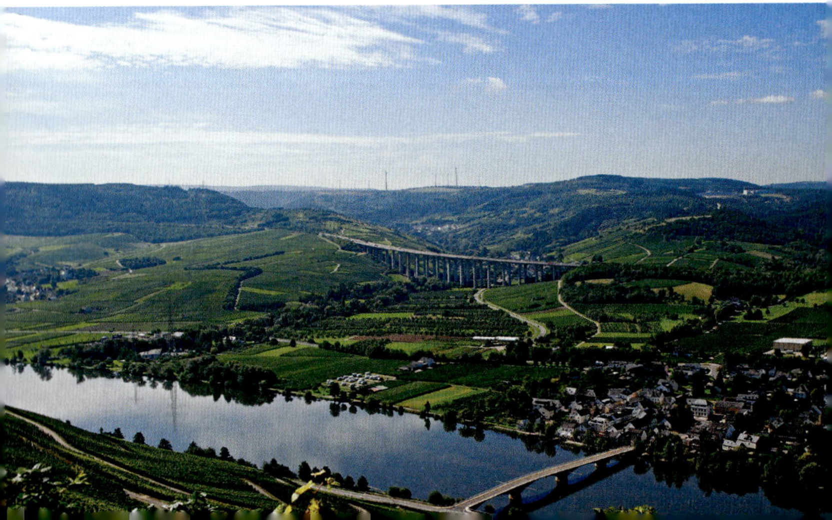

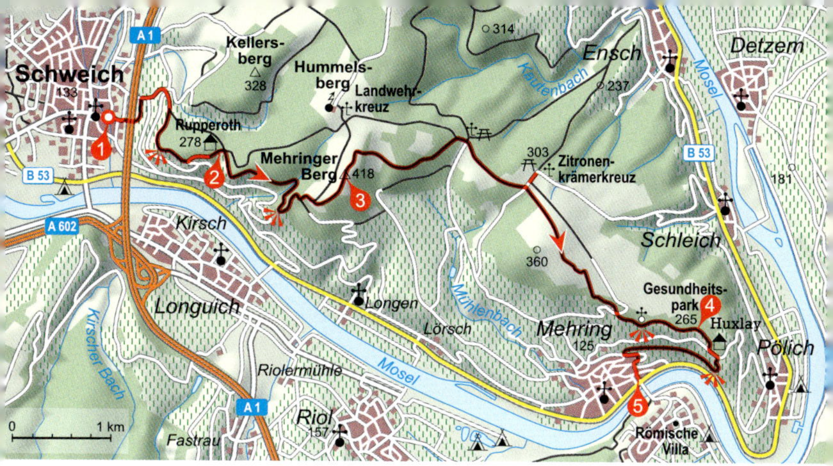

An der Pfarrkirche St. Martin im Ortszentrum von **Schweich (1)** startet die heutige recht kurze Etappe, die im weiten Bogen über den Mehringer Berg die ausgedehnten Weinlagen von Schweich und Mehring verbindet. Der Moselsteig verlässt Schweich in östlicher Richtung durch die Kirch- und die Mathenstraße, unterquert die Autobahn und strebt an einem Gehöft vorbei stetig bergan. Nachdem man dem Waldrand zur Bergnase gefolgt ist, ergeben sich schöne Aussichten auf Schweich und das breite Moseltal Richtung Trier. Der Weg ist breit, aber – zumindest überwiegend – von naturnahem Geläuf. Es fällt auf, dass die Weinberge in diesem Bereich teilweise aufgegeben wurden und sich auf den Brachflächen wilde Blumen und Kräuter ausgesät haben. Etwas weiter oben trifft man auf die schöne **Schutzhütte Rupperoth (2)** und bedauert, dass es für die erste Rast nach nur 2,3 km etwas früh ist.

Nachdem der Weg auch noch um den nächsten Bergvorsprung herum der Trennlinie zwischen Weinberg bzw. Brachfläche und Wald treu bleibt, zieht es ihn schließlich doch waldeinwärts, wo in einer engen Talkehre ein schmaler Bachlauf überquert wird. Kurzzeitig abfallend schlängelt sich der Moselsteig nun nochmals einem fulminanten Aussichtsplatz entgegen, der sich vor dem steilen Anstieg hinauf zum Mehringer Berg als Rastplatz empfiehlt.

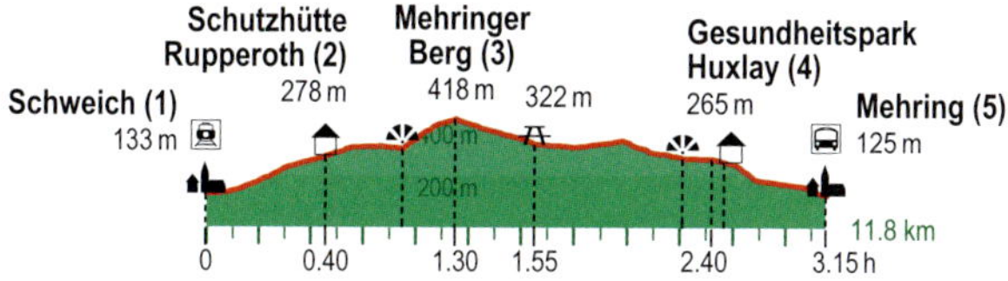

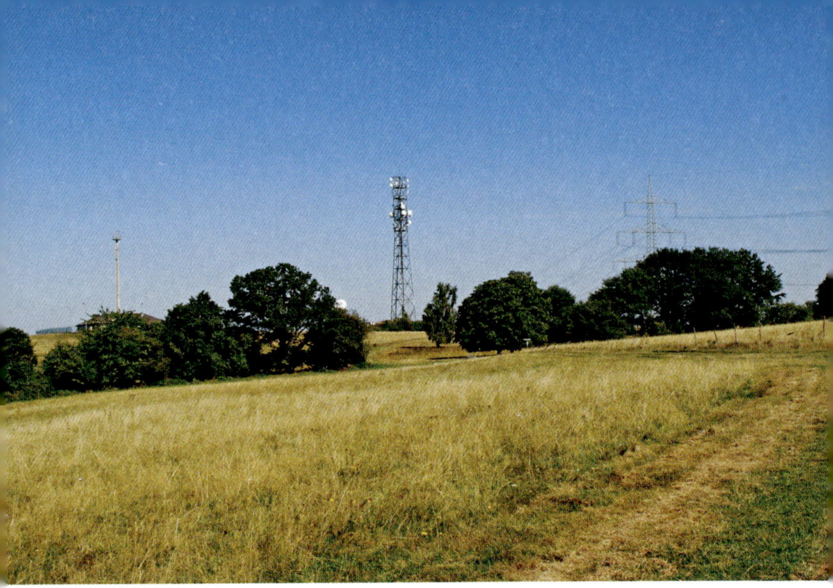

Sendemast auf dem Hummelsberg vom Mehringer Berg aus.

Auf der anderen Flussseite liegt Longuich, wo mit der Villa Urbana eine Wohnanlage aus römischer Zeit rekonstruiert wurde. Die ehemals größere Bedeutung des Ortes belegt die Tatsache, dass es im Ortskern gleich drei Burgen gab, von denen eine heute als Restaurant, Weingut und Hotel dient.
Der Aufstieg hat es in sich, denn auf dem nächsten Kilometer gilt es mehr als 100 Höhenmeter zu überwinden, teilweise im kühlen Hangwald, teilweise in einem rinnenartigen Hohlweg. Wiesen gewinnen schließlich die Oberhand und das Gipfelplateau des **Mehringer Bergs (3)** fasziniert durch eine weite Ebene mit einem Antennenmast als Fixpunkt. Unter sprichwörtlich freiem Himmel biegt der Moselsteig leicht unterhalb der flachen Kuppe rechtwinklig nach rechts ab.
Auf einem breiten Waldweg verliert man fast unmerklich an Höhe und erreicht an einem Feld etwas versteckt einen Rastplatz mit einem schönen Wegkreuz. Vollkommene Stille kann hier den einsamen Wanderer umfangen und dem vollständigen Naturerlebnis Raum geben.
Doch noch ein anderes Wegkreuz wird Sie möglicherweise in seinen Bann ziehen, wenn Sie dem Moselsteig am Waldsaum entlang in südöstlicher Richtung folgen. Am nächsten größeren Querweg lohnt ein 220 m weiter Abstecher nach links. Dort befindet sich das sogenannte **Zitronenkrämerkreuz** inklusive Rastplatz.

i Zitronenkrämerkreuz

Der steinerne Bildstock erinnert an einen Händler, der an dieser Stelle im Jahre 1687 ermordet worden sein soll. Die Existenz des Händlers ist durch einen Eintrag von 1676 im Trierer Krämeramtsbuch dokumentiert, wo er als Zitronenkrämer geführt wurde. Der Standort des Kreuzes befindet sich am Rand einer alten Handelsstraße, auf der in diesem Bereich seit über 100 Jahren auch der Moselhöhenweg verläuft. Das Zitronenkrämerkreuz gibt auch einer empfehlenswerten Extratour ihren Namen. Sie verbindet auf 20 km Wegstrecke über Hochflächen und aussichtsreichen Hangwegen die Moselorte Thörnich, Ensch, Schleich und Pölich.

Wieder auf dem Moselsteig geht es in gerader Linie auf den Waldrand zu. Das Gehölz erweist sich bei näherer Betrachtung als schmale Barriere und gibt nach kurzer Passage eine prächtige Aussichtslage preis. Für 1 km folgt der Weg nun ohne nennenswertem Höhenverlust dem Waldsaum, wobei sich der Abstand zur Mosel zusehends verringert und die Weinberge dadurch immer steiler werden. Man befindet sich im Bereich der **Huxlay**, einem zertifizierten Aussichtspunkt des Moselsteigs. Während an der Hangkante mehrere Rastbänke lauern, können besonders sportliche Zeitgenossen im Wald dahinter ihre Fitness überprüfen. Der **Gesundheitspark (4)** bietet einen gepflegten und abwechslungsreichen Parcours mit Bewegungsoptionen.

Bevor der Serpentinenabstieg nach **Mehring (5)** angetreten wird, passieren Sie noch eine Holzeisenbahn, die vor allem bei kleineren Kindern gut ankommen dürfte. Sie trägt den putzigen Namen »Saufbähnchen« und der eingefleischte Moselkenner weiß natürlich sofort, worauf diese Anspielung abzielt. Es handelt sich dabei um den Spitznamen der Moseltalbahn, die zwischen 1905 und 1963 viele bekannte Weinbauorte miteinander verband. Da die Fahrt mehrere Stunden dauerte, nutzte man die Zeit für ergiebige Weinproben. Wie dem auch sei, der steile Abstieg auf schmalem Pfad erfordert Konzentration und absolute Nüchternheit, während die Wanderung danach auf breiten Weinbergwegen langsam ausklingt.

i Mehring

Neben der prächtigen Lage unterhalb der aussichtsreichen Huxlay ist die in den 1980er-Jahren teilrestaurierte »Villa Rustica« das Highlight von Mehring. Sie liegt am südlichen Ufer des durch die Mosel geteilten, erstmals im Jahre 752 n. Chr. urkundlich erwähnten Winzerortes. Kaum 15 km von »Augusta Treverorum« entfernt genossen reiche Bürger der damals nach Rom größten römischen Kaiserresidenz hier die Landfrische. Eine vollständige Nachbildung der Landvilla zeigt ein Modell, das im Wein- und Heimatmuseum des Ortes ausgestellt ist.
Weinlagen: Mehringer Blattenberg, Mehringer Goldkupp, Mehringer Zellerberg; Großlage: Sankt Michael.

7 Von Mehring nach Leiwen

4.15 Std.
14,5 km

Fünf Mal Mosel auf einen Blick

Besondere Attraktionen muss man sich scheinbar auch an der Mosel verdienen, denn die Steilaufstiege sind harte Arbeit. Vom Aussichtsturm am Fünfseenblick sieht man mehr Moselschleifen als von jedem anderen Aussichtspunkt. Aber auch der lange Weg um die Hinkellay verzaubert, denn oberhalb des Rebenmeeres fühlt man sich wie im siebten Wanderhimmel.

Ausgangspunkt: Mehring. Erreichbarkeit: Busverbindung nach Trier, mit dem Auto über die B 53.
Endpunkt: Leiwen. Rückfahrt nach Mehring per Bus möglich.
Höhenunterschied: Auf- und Abstieg 390 m.
Anforderungen: Mittel bis anspruchsvoll wegen des steilen Anstiegs zu Beginn. Einige Passagen verlangen erhöhte Trittsicherheit.
Einkehr: Unterwegs keine; ausreichend Proviant mitnehmen.

Unterkunft: Mehring: Siehe vorherige Etappe. – **Leiwen:** Hotel Weis, Römerstraße 10, 54340 Leiwen, Tel. +49 6507 93610, hotel-weinhaus-weis.de; Gästehaus Alexanderhof, Liviastraße 24, 54340 Leiwen, Tel. +49 6507 4314, alexanderhof.de.
Information: Mehring: Touristinformation Mehring, Bachstraße 47, 54346 Mehring, Tel. +49 6502 1413, mehring-mosel.de. – **Leiwen:** Siehe Folgeetappe.
Wanderkarte: Freizeitkarte Moselsteig (1:25.000), Karte 2: Trier – Zell.

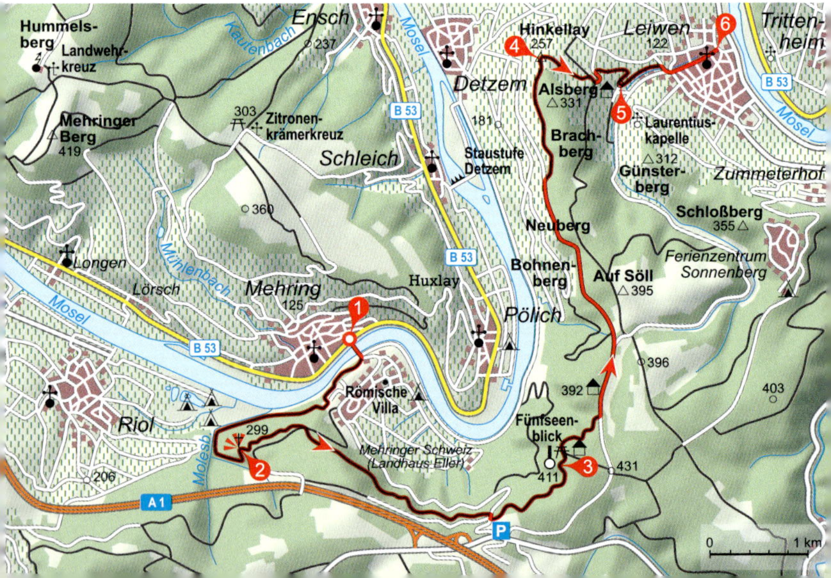

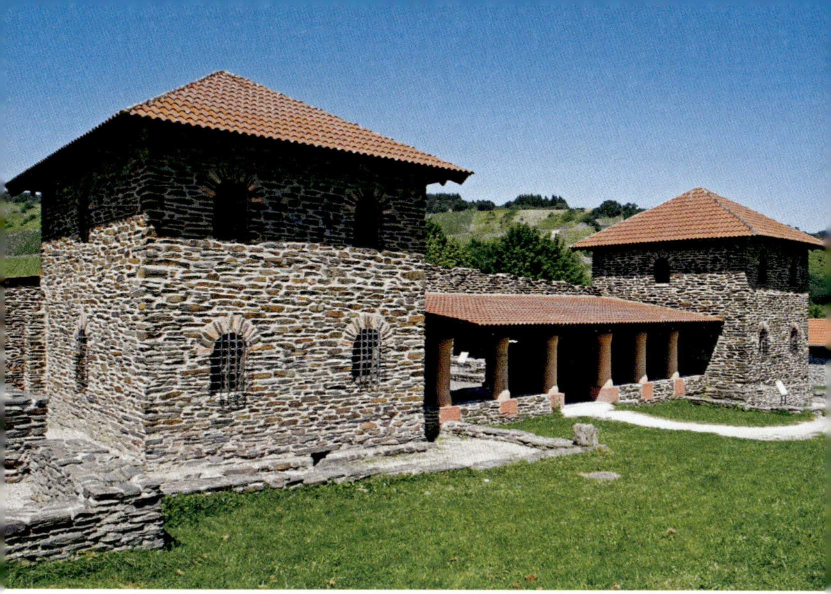

Römische Villa in Mehring.

Die Moselbrücke von **Mehring (1)** ist ein hervorragender Ausgangspunkt für die Wanderung, ganz gleich auf welcher Flussseite man sein Nachtquartier bezogen hat. Am südlichen Ufer führt ein Treppenweg zu einem Pfad, dem man rechter Hand entspannt folgt. Der leichte Anstieg nährt die Hoffnung auf einen letzten Ausblick auf Mehring, nicht zu Unrecht. Kurz danach taucht der Moselsteig in den dichten Hangwald. Der weiche Waldboden ist wohltuend, wenngleich er bei feuchter Witterung auch matschig sein kann. Als wolle er Anlauf nehmen, senkt sich der Weg nach kurzem Anstieg noch einmal fast auf Moselniveau ab und tatsächlich beginnt mit dem Einschwenken ins **Molesbachtal** ein kräftiger Anstieg. Übermütigen wird wenig später gar die Chance geboten, den Berg über die Felspfad-Variante quasi in direkter Linie zu bezwingen. Der Moselsteig ignoriert das Angebot, kommt um die Über-

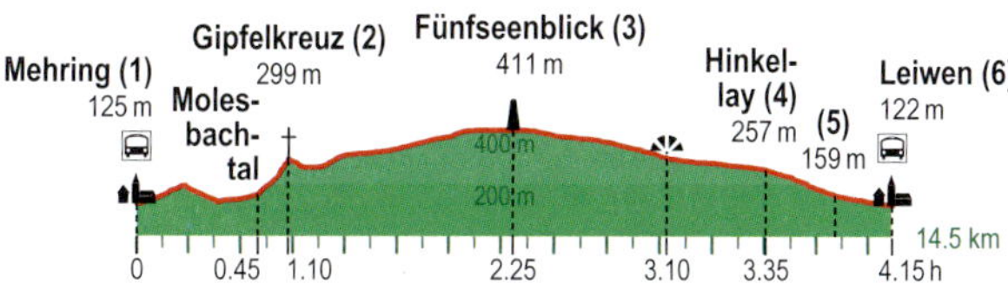

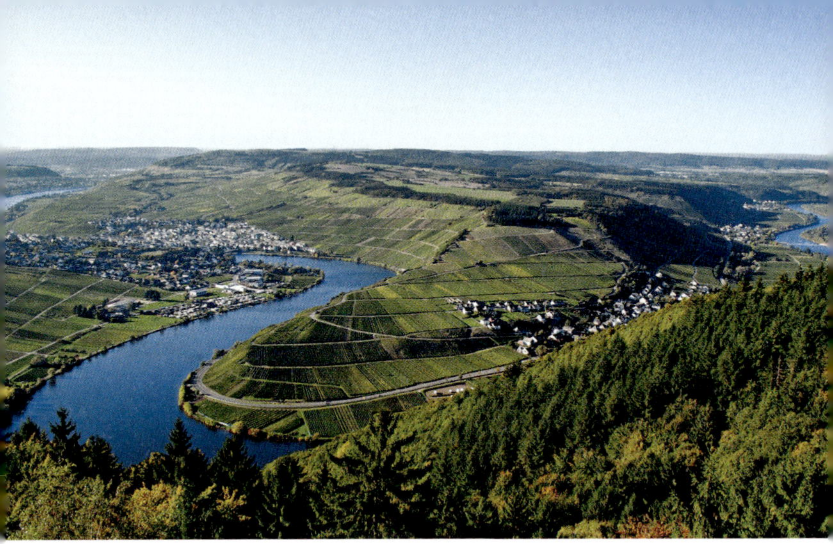

Der Fünfseenblick.

windung der Höhendifferenz schließlich aber auch nicht herum und von der Talsenke bis zum **Gipfelkreuz (2)** wird auch er auf gut 1 km Wegstrecke 180 Höhenmeter bewältigt haben. Erst jetzt wird einem bewusst, warum die den Moselsteig hier begleitende Extratour den Namen »Mehringer Schweiz« trägt.

Nach kurzem Verschnaufen schiebt sich der schöne Ausblick auf das neu geschaffene Rioler Freizeitzentrum Trilago in den Vordergrund und Sie können – im wahrsten Wortsinn – den ersten Höhepunkt des Tages verbuchen.

Nicht minder interessant erweist sich das folgende kurze Wegstück, das Konzentration und Trittsicherheit verlangt. Schroffer Fels und eine Seilsicherung verleihen der Passage zunächst einen alpinen Charakter. Danach führt der Pfad stimmungsvoll am Hang entlang, bis ein breiter Waldweg kreuzt. Nun geht es noch einmal recht steil bergan. Doch schon nach 150 m wird es deutlich moderater und man genießt den Duft der Fichten und Tannen und selbst die hinter dichtem Grün verborgene Autobahn A 1 kann die Stimmung kaum trüben.

Am Waldparkplatz überqueren Sie die Landstraße. Folgen Sie von hier aus dem Wegweiser zum **Fünfseenblick**. Der Waldweg führt unterhalb der Stromleitung geradeaus, zweigt dann aber unvermittelt links ab und quert einen lichten Hain, bevor er unterhalb auf einen breiten Waldweg trifft. Nach 350 mäßig ansteigenden Metern erreicht man den **Aussichtsturm (3)** und damit einen der ultimativen Traumblicke des Mosellandes.

150 m vom Turm entfernt liegt eine schöne Grillhütte, die für Feste gemietet werden kann. Der Moselsteig führt daran jedoch nicht direkt vorbei, sondern wendet sich gleich nach links. Nach etwa 1 km wird der nach wie vor mustergültig markierte Weg an einer großen Wiese von Apfelbäumen flankiert und setzt als breiter Wanderweg den gemächlichen Abstieg fort. Noch einmal geht es für 1,5 km in den Wald, bevor sich unvermittelt ein weiter Blick ins Moseltal einstellt. Unterhalb erkennt man die Staustufe von Schleich. Da sich der Moselsteig nur ungern mit asphaltiertem Untergrund zufrieden gibt, schwenkt der neue Vorzeigeweg des Moseltals rechts auf einen Feldweg ein, der sich gleich unterhalb des Waldes entlangzieht. Es fällt auf, dass die oberen Anbauflächen brach liegen und wildes Buschwerk die Altreben verdrängt hat. Auch Ginster ist dabei, der im Frühjahr leuchtend gelb zu akzentuieren weiß. Nach fast 2 km ist dann die Bergnase der **Hinkellay (4)** erreicht und der weite Moselbogen ist vollständig zu sehen. Voraus grüßt vom jenseitigen Moselufer die berühmte Weinlage »Klüsserather Bruderschaft«.
Auf Weinbergstraßen geht es nun zum **Abzweig Leiwen (5)**, den Sie bei den Tennisplätzen erreichen. Von dort aus bringt Sie dann ein Moselsteig-Zuweg zuverlässig in Ihren Etappenort hinunter. Beim Abstieg fällt der Blick unweigerlich auf die strahlend weiße Laurentiuskapelle. Anmutig ruht sie auf der Anhöhe am anderen Flussufer und allzu gerne würde man auch ihr einen Besuch abstatten. Nehmen Sie es als einen weiteren Beweis dafür, dass es auch abseits des Moselsteigs vieles zu entdecken gibt – im Moseltal.
Leiwen (6) selbst ist ein gemütlicher Winzerort mit gepflegter Gastronomie.

Die Mosel bei Leiwen.

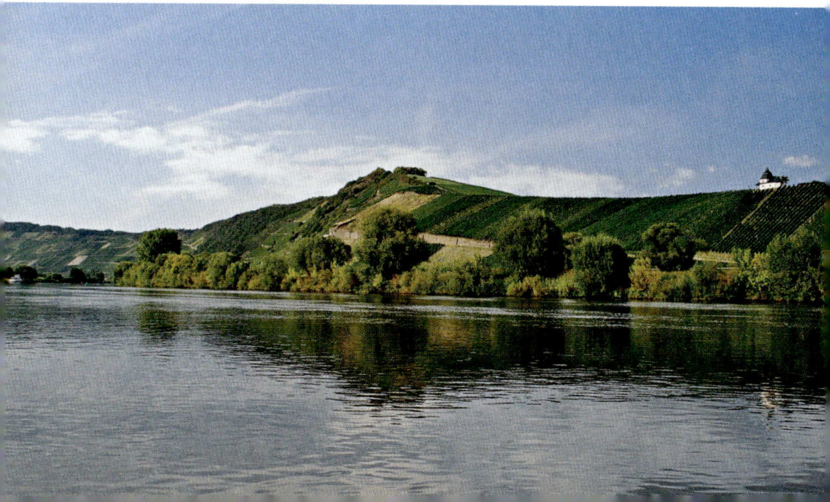

8 Von Leiwen nach Neumagen-Dhron

3.45 Std.
13,8 km

Über die Höhe zum römischen Weinschiff

Eine aussichtsreiche Wanderung mit einem lang gezogenen Aufstieg zur Zummethöhe, einem der »Lieblingsplätze« an der Mosel. Dem Hanggrat folgend passiert man später die Konstantinshöhe mit der knapp darunterliegenden gleichnamigen Höhle. Im Tal muss man die Marterkapelle ebenso wenig fürchten wie die steinerne Vergangenheit des lieblichen Neumagen-Dhron.

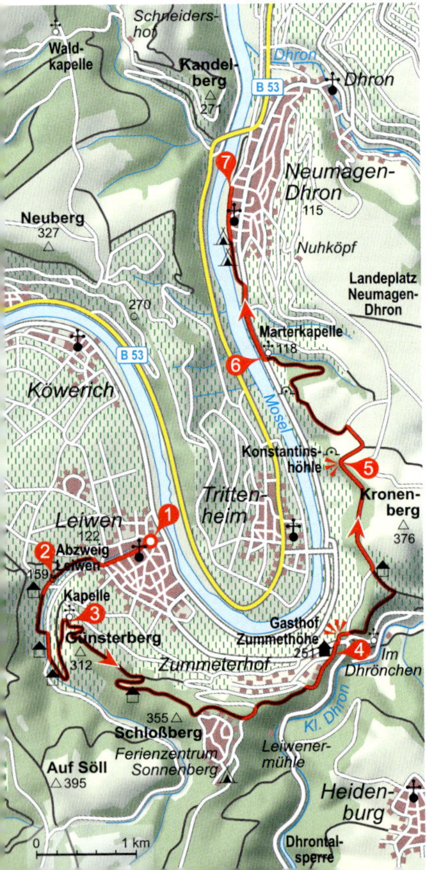

Ausgangspunkt: Leiwen. Erreichbarkeit: Busverbindung nach Schweich, mit dem Auto über die B 53.
Endpunkt: Neumagen-Dhron. Rückfahrt nach Leiwen per Bus möglich.
Höhenunterschied: Aufstieg 310 m, Abstieg 320 m.
Anforderungen: Mittel. Der längere Aufstieg zu Beginn verlangt etwas Kondition. Die Wege sind durchweg gut begehbar.
Einkehr: Zummethöhe.
Unterkunft: **Leiwen:** Siehe vorherige Etappe. – **Neumagen-Dhron:** Hotel Zum Anker, Moselstraße 14, 54347 Neumagen-Dhron, Tel. +49 6507 6397, hotelzumanker.de; Weingut und Gästehaus Warsberger Weinhof, Römerstraße 98, 54347 Neumagen-Drohn, Tel. +49 6507 92580, warsberger-weinhof.de.
Information: **Leiwen:** Touristinformation Leiwen, Römerstraße 1, 54340 Leiwen, Tel. +49 6507 3100, leiwen.de. – **Neumagen-Dhron:** Siehe Folgeetappe.
Wanderkarte: Freizeitkarte Moselsteig (1:25.000), Karte 2: Trier – Zell.

Aus dem Ortskern von **Leiwen (1)** bringt Sie der ausgewiesene Zuweg nach gut 1 km zum **Moselsteig-Abzweig (2)**. Vorbei an den Tennisplätzen und einer Schutzhütte zieht sich der Weg zwischen Rebflächen ins **Schantelbachtal**, dessen Namen gebenden Bachlauf Sie kurz danach queren. Der Aufstieg zur Höhe geht sachte vonstatten, da man die

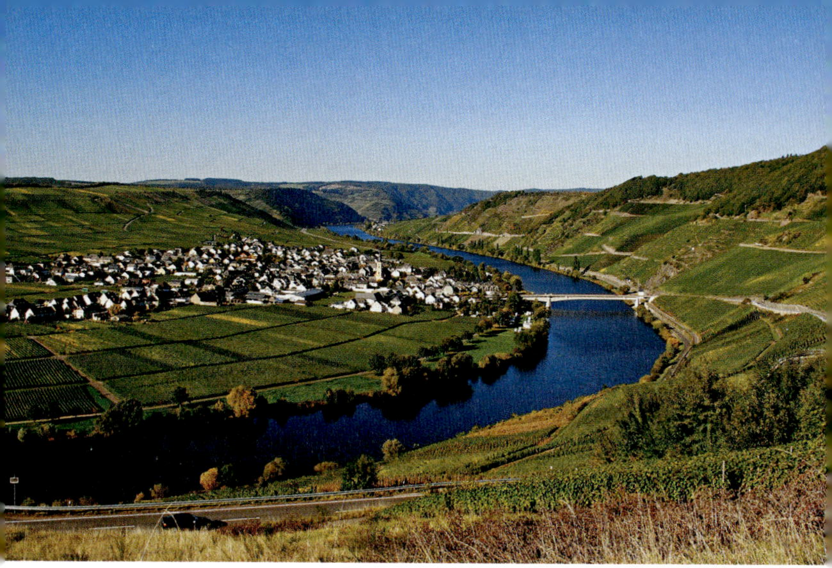

Blick auf Trittenheim von der Zummethöhe.

längs am Hang entlanglaufenden Winzerwege nutzt, um ihn zu erklimmen. Nach der Spitzkehre ignoriert man den kreuzenden Weg und gelangt nach 300 m zu einer schön gelegenen **Weinbergkapelle (3)**. Zur großen Freude wurde in ihrem Schatten eine Wanderliege aufgebaut.

Es folgt ein kleines Steilstück, das Sie bald schon in den Wald geleitet, wo Sie nach einer S-Kombination auf einer Lichtung eine Schutzhütte erwartet. Ein Wildgehege passierend erreichen Sie die Ferienanlage Sonnenberg, die Sie linker Hand umgehen. Allerdings sollten Sie zuvor die herrliche Aussicht genießen, denn nun geht es merklich bergab. Im Zenit des großen Wegbogens nach links folgen Sie geradeaus dem Kammweg Richtung Zummethöhe, die nach gut 1,5 km erreicht wird. Kurz bevor der Weg an der Landstraße wieder auf die Weinberge trifft, besteht die Möglichkeit zur Einkehr. Die **Zummethöhe (4)** mit dem beliebten Ausflugslokal und dem traumhaften

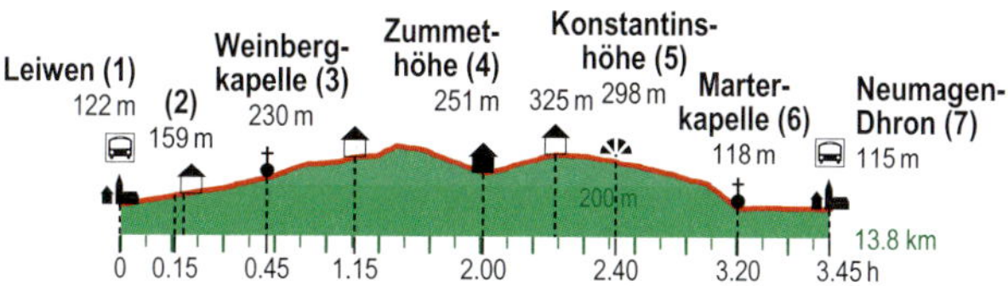

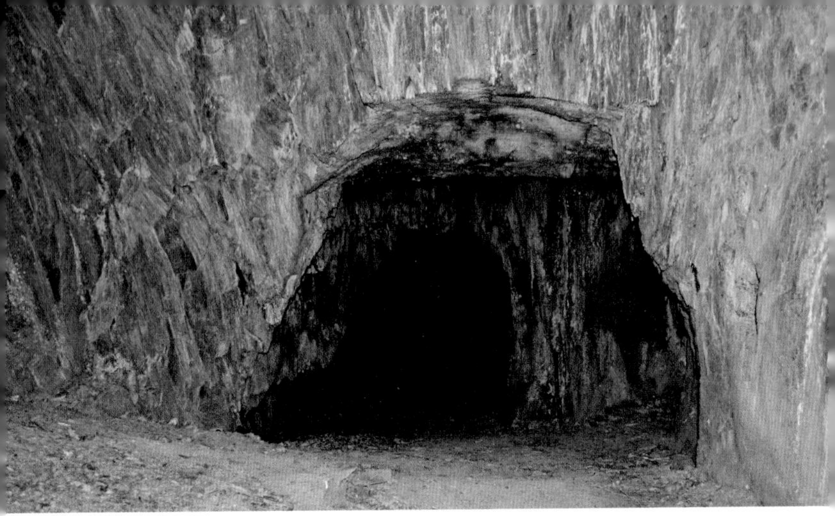

Konstantinshöhle.

Ausblick auf die Moselschleife bei Trittenheim ist einer der ausgewiesenen Lieblingsorte der Mosel.
Von der Zummethöhe, der Passhöhe zwischen Mosel- und Dhrontal, nimmt man auf der der Mosel abgewandten Seite den erneuten Aufstieg in Angriff. Der Blick wendet sich dabei ins schon angesprochene liebliche Tal der kleinen Dhron und hebt sich empor über die dicht bewaldeten Hügel des Moselhunsrück. Auch hier zerschneidet der Weg aktuelle und vergangene Weinberge. Etwas traurig konstatiert man, dass auch an der Mosel ein Wandel einsetzt, der so manchen Winzer seines Handwerks beraubt, sei es aus Alters- oder ökonomischen Gründen. So manche einstmals stolze Lage scheint dem Verfall preisgegeben. Mit diesem Gedanken nähert man sich, eine versteckte Schutzhütte rechts entdeckend, dem rückwärtigen Hangwaldkamm. Bald schon überwältigt wieder die grandiose Aussicht und Hoffnung keimt auf, dass der enthusiastische Nachwuchs an qualitätsorientierten Jungwinzern das Ruder herumzureißen vermag.
Durch üppigen Bestand knochiger Weinbergeichen folgt der Weg knapp unterhalb der Hangkante der natürlichen Landschaftsformation zur **Konstantinshöhe (5)**, dem nächsten spektakulären Aussichtshighlight des Tages. Schön erkennt man die sanfte Form des Gleithangs, an den sich das schmucke Trittenheim schmiegt.
Einzig von Trittenheim sind im Übrigen noch die beiden Fährtürme erhalten, die durch den Bau der Brücke ihre Notwendigkeit einbüßten. Wie oft an der Mosel liegen auch einige Weinlagen Trittenheims am anderen Ufer.

Die Weinlage an diesem felsdurchzogenen Steilhang ist Genießern als »Trittenheimer Apotheke« bestens bekannt.
Wenn man nun schon einmal hier ist, sollte man sich nicht scheuen, dem vom breiten Hauptweg abzweigenden steilen Pfad ein kurzes Stück bergab zu folgen und auch der so benannten **Konstantinshöhle** einen Besuch abzustatten. Entlang des Steilhangs Richtung Neumagen-Dhron befinden sich einige dieser Hohlräume, die neben Tieren vor vielen Jahren auch Menschen Unterschlupf geboten haben dürften.
Wieder auf dem Moselsteig erwartet Sie nach einem kurzen Abstecher in eine freundliche Wiesenlandschaft im niederen Wald ein zunächst moderater, bald aber recht steiler Abstieg zum Moselufer. An der Uferstraße treffen Sie auf die uralte **Marterkapelle (6)**, zuweilen auch Märtyrerkapelle genannt. Bis hierhin soll sich die Mosel der Legende nach blutrot gefärbt haben, als in Trier lange vor der Konstantinischen Wende Christen verfolgt und umgebracht wurden. Das Kirchlein markiert den Endpunkt des Neumagen-Dhroner Kreuzweges und in Anbetracht der höhenmäßig durchaus anspruchsvollen Anlage manch anderer Kreuzwege im Moseltal liegt der Verdacht nahe, dass die Neumagen-Dhroner ein eher gemütliches Völkchen sind. Bestätigt wird diese Vorahnung nur wenig später, wenn der Ort der Landstraße folgend erreicht wird. **Neumagen-Dhron (7)** lädt zum Verweilen ein und man wird mit guten Erinnerungen gerne dorthin zurückkehren.

i ***Neumagen-Dhron***

Neumagen-Dhron hat alles, was ein typischer Weinort der Mosel mitbringen sollte, um bei seinen Besuchern zu punkten. Eine ansprechende Flusslage mit sehr schöner Promenade, schattige Gassen, sehenswerte historische Bauten, gepflegte Gastronomie und eine auf die Römer zurückgehende Weinbautradition. Den Titel »ältester Weinort Deutschlands« gesteht man dem schmucken Ort gerne zu, auch wenn viele andere Gemeinden ihn ebenfalls für sich beanspruchen. Zahlreiche Ausgrabungen belegen die dauerhafte Präsenz der Römer, die an der strategisch wichtigen Stelle am Ausgang des Dhrontals ein Kastell anlegten, dessen Grundmauern heute noch zu sehen sind. Ferner findet man in Neumagen-Dhron Nachbildungen wertvoller Funde, deren Originale im Trierer Landesmuseum besichtigt werden können. Allen voran natürlich das steinerne Weinschiff, das den Nachbau eines echten hölzernen Römerschiffes gefördert hat. Mit der »Stella Noviomagi« können heute Ausflüge mit römischem Ambiente unternommen werden.

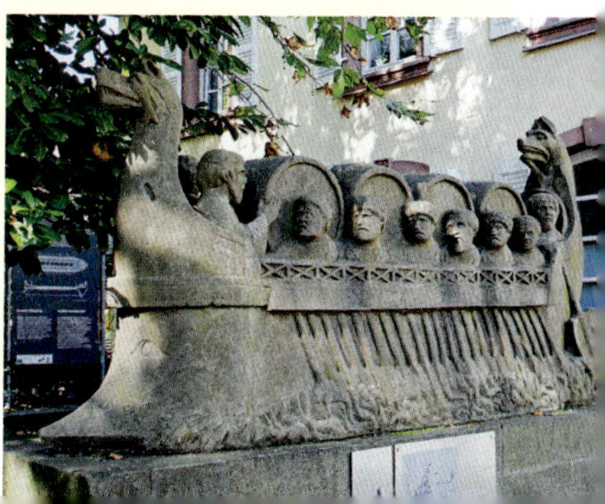

9 Von Neumagen-Dhron nach Osann-Monzel

4.45 Std.
17,2 km

Den Römern auf der Spur

Vom alten steinernen und dem neuen hölzernen Weinschiff in Neumagen-Dhron zieht sich der Moselsteig am eifelseitigen Flussufer an der Flanke des Zweibachtals in beeindruckender Waldkulisse hinauf zum Mega-Aussichtspunkt Weißlei. Dabei überwindet der wackere Wanderer immerhin 300 Höhenmeter, bevor er die hohlspiegelförmige Piesporter Edelweinlage quert. Prächtige Panoramawege und ein römischer Brunnen runden das Bild ab.

Ausgangspunkt: Neumagen-Dhron. Erreichbarkeit: Busverbindung nach Trier und Bernkastel-Kues, mit dem Auto über die B 53.
Endpunkt: Osann-Monzel. Rückfahrt nach Neumagen-Dhron per Bus möglich, aber umständlich, Taxi Tel. +49 6507 2493.
Höhenunterschied: Aufstieg 450 m, Abstieg 380 m.
Anforderungen: Mittel. Der Aufstieg zur Weißlei hat es in sich. Während die naturnahen Wege im Dreisbachtal glitschig sein können, ist auf den Weinbergpassagen ein Sonnenhut angebracht.
Einkehr: Haus Moselblick oberhalb von Piesport.
Unterkunft: **Neumagen-Dhron:** Siehe vorherige Etappe. – **Osann-Monzel:** Hotel Moselsteig, Noviander Weg 1a/3, 54518 Osann-Monzel, Tel. +49 6535 944805, hotel-moselsteig.de; Gasthof Zur Traube, Moselstraße 58, 54518 Osann-Monzel (Monzel), Tel. +49 6535 244, ballmann-zenz.de.
Information: **Neumagen-Dhron:** Touristinformation Neumagen-Dhron, Römerstraße 137, 54347 Neumagen-Dhron, Tel. +49 6507 6555, neumagen-dhron.de. – **Osann-Monzel:** Siehe Folgeetappe.
Wanderkarte: Freizeitkarte Moselsteig (1:25.000), Karte 2: Trier – Zell.

Römerschiff in Neumagen-Dhron.

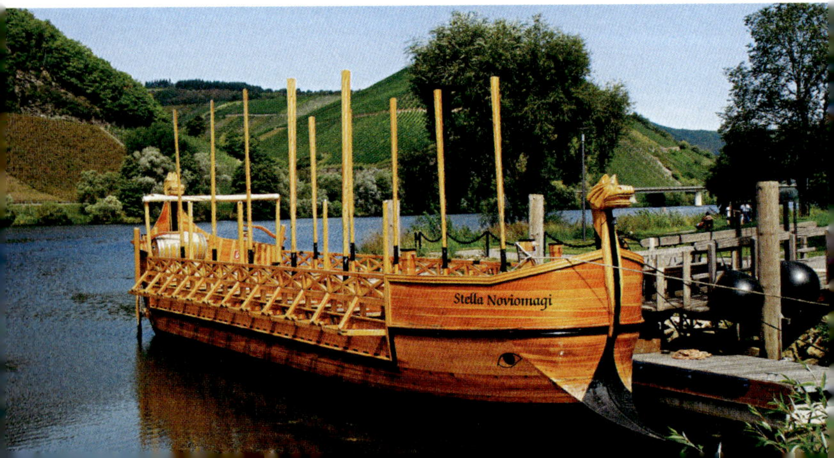

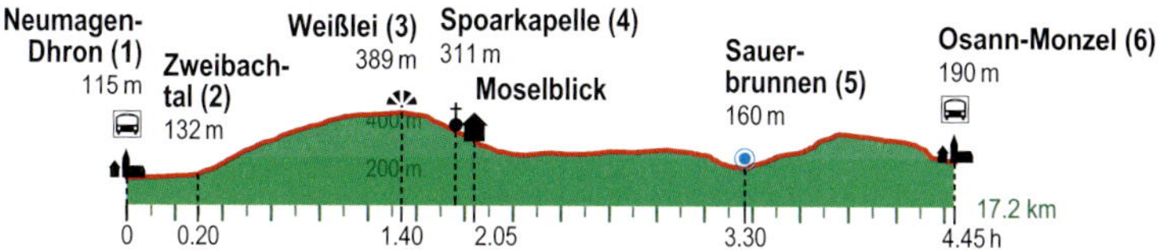

Starten Sie Ihre heutige Wanderung an der schönen Flusspromenade von **Neumagen-Dhron (1)**, wo Sie in den Morgenstunden gute Chancen haben, den originalgetreuen Nachbau eines römischen Weinschiffes in Augenschein zu nehmen. Man kann sich zu Ausflügen mit der »Stella Noviomagi« anmelden und als Römer verkleidet den Fluss befahren. Achten Sie aber darauf, sich als wohlhabender Bürger und nicht als Ruderer einstufen zu lassen, sonst kann es ein ziemlich mühsamer Spaß werden. Lassen Sie sich aber nichts vormachen, es gibt im Unterschied zur Römerzeit einen Motor!

Zu Fuß der Mosel abwärts folgend wechseln Sie an der Brücke die Uferseite und dringen in den ersten Talausschnitt ein. Das **Zweibachtal (2)** offenbart bereits nach kurzer Wegstrecke den Hintergrund seines Namens. Der Moselsteig folgt dem rechten Bachlauf und schert wenig später vom Sträßchen in einen Feldweg ein, um diesem folgend rasch an Höhe zu gewinnen. Einen Asphaltweg querend vollzieht der Steig an der nächsten Wegkreuzung einen U-Turn, wobei der obere Weg gewählt wird. Mit einer zweiten Spitzkehre schlängelt sich der bequeme Weg dem Berggrat entgegen. Einzelne Bäume und Buschwerk kündigen den baldigen Eintritt in den Wald an. Zuvor wird aber noch ein ausgedehnter Steinbruch tangiert. Unvergleichlich anmutiger ist die Aussicht von der Drachenfliegerschanze etwas weiter oben. Nicht ohne Respekt und den üblichen Bedenken versteht man die Faszination diesen Sports und immer wenn man in Zukunft die nicht wenigen Luftakrobaten von den Moselhöhen talwärts segeln sieht, vergegenwärtigt man sich möglicherweise das Gefühl der Überwindung, die die Startphase zwangsläufig begleiten muss. Verschnaufen Sie ein wenig und genießen Sie den Blick Richtung Neumagen-Dhron, das nun schon ein gutes Stück entfernt ist.

Im Wald erreicht man über eine flache Kuppe nach nicht einmal 1 km die Premium-Aussichtsloge **Weißlei (3)** nebst Rastplatz und Schutzhütte.

Der »große Moselblick« spannt sich von Neumagen-Dhron über Piesport und Niederemmel bis zur sogenannten Moselloreley, der Sie später noch etwas näher kommen. Besonders augenfällig sind aber die weiten Rebflächen am gegenüberliegenden Gleithang, welchen die Mosel so ausladend umfließt. Es handelt sich dabei um die bekannte Weinlage Piesporter Treppchen. Schatten spendende Bäume scheinen dort nicht geduldet zu werden.

Wer sich vom Ausblick losreißen kann, trifft, einen staubigen Forstweg nutzend, nach gut 250 m auf eine Landstraße. Während auf der anderen Seite

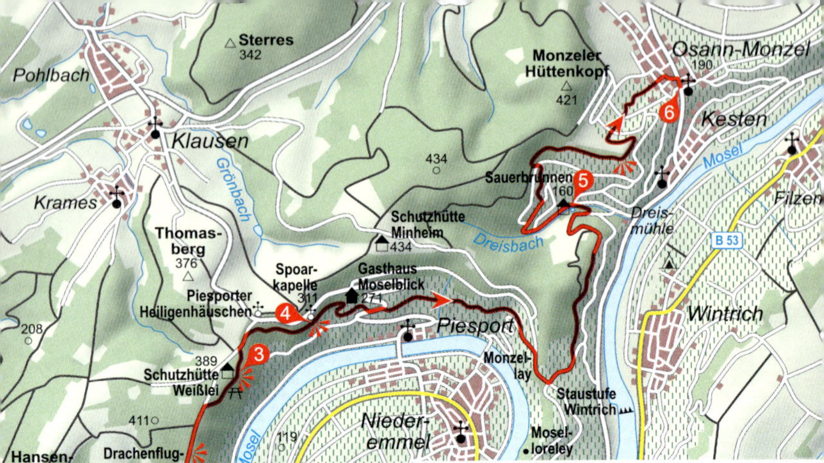
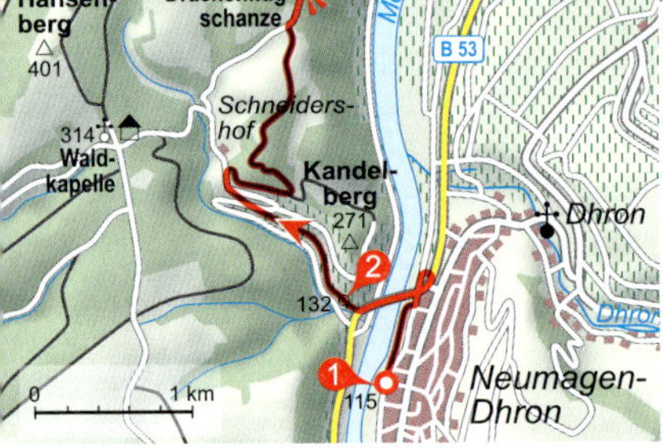

das Piesporter Heiligenhäuschen verfällt, bleibt der Moselsteig diesseits der Straße und stürzt sich durch wildwüchsigen Buschwald zur **Spoarkapelle (4)** abwärts.

Es gibt viele Kapellen im Moselland, aber zumindest von der Lage her rangiert diese weit vorne. Name und Bedeutung der Kapelle sind hingegen sehr tragisch, denn das Wort »Spoar« bedeutet Sperre und verweist auf eine Zeit im frühen 16. Jahrhundert, als Piesport wegen der dort grassierenden Lungenpest abgeriegelt war. Die Bewohner der Nachbarorte auf den Moselhöhen brachten damals Nahrungsmittel bis hierhin, welche die noch gehfähigen Piesporter zur vereinbarten Zeit dort abholten. Zwischen 1506 bis 1508 überlebten von den 98 Piesporter Bürgern ganze 16.

Schwierig jetzt auf das Thema Einkehrmöglichkeit einzuschwenken, aber der gleich unterhalb liegende **Gasthof Moselblick** prädestiniert sich durch seine Lage am Moselsteig ebenso wie durch seine herrliche Aussichtsterrasse. Gönnen Sie sich also diesen Aufenthalt, bevor die hohlspiegelartige Weinlage Goldtröpfchen durchwandert werden darf.

Hinter dem Gasthaus führt der Moselsteig kurzzeitig in die entgegengesetzte Richtung, aber nur um über einen nahen Treppenweg auf ein tiefer liegendes Wegniveau zu gelangen. Hier verlässt man auch den Kreuzweg und findet den ebenen Weg durchs Rebenmeer. Mit etwas Glück ist auf der Mosel das Weinschiff zu erblicken, in jedem Fall aber schält sich voraus schroffes Felsgestein aus dem Steilhang der sogenannten Moselloreley.

Kurz davor trifft man auf die Landstraße, der man auf einem Parallelweg ein kurzes Stück folgt. Mit kühnem Linksschwenk schneidet der Moselsteig nun die Flussschleife bei Minheim ab, um dem Panoramaweg am Waldsaum oberhalb der Wintricher Steillagen den Vorrang zu gewähren. Höhenmäßig befindet man sich nun zwar deutlich unter dem Niveau der Weißlei, aber da die Entfernung zum Fluss recht kurz ist, wirkt der Hang sehr steil. Als sich das Kerbtal des Dreisbaches ankündigt, taucht der Weg in den Wald ein, wo er, einen Wiesengrund nutzend, in zwei lang gezogenen Kehren abwärtsführt. In der Talsohle stößt man auf den **Sauerbrunnen (5)**, dessen Einfassung aus der Römerzeit stammt und dessen Wasser tatsächlich noch trinkbar ist. Zusätzlich laden dort auch eine Schutzhütte und – für den Wanderer sehr angenehm – eine Wassertretstelle zum Verweilen ein.
Aber auch das **Dreisbachtal** zeigt sich von einer lieblichen Seite, auch wenn es nun wieder, zunächst sachte, dann steiler bergan geht. Nach kurzer Waldpassage gelangen Sie wieder auf den aussichtsreichen Hochweg, der Sie um eine Bergnase herum und durch die Weinberge zu Ihrem Etappenort **Osann-Monzel (6)** führt. Der Doppelort zu Füßen des Hüttenkopfs liegt auf einem Plateau oberhalb des Moselortes Kesten.

Etappenort Monzel mit dem Hüttenkopf.

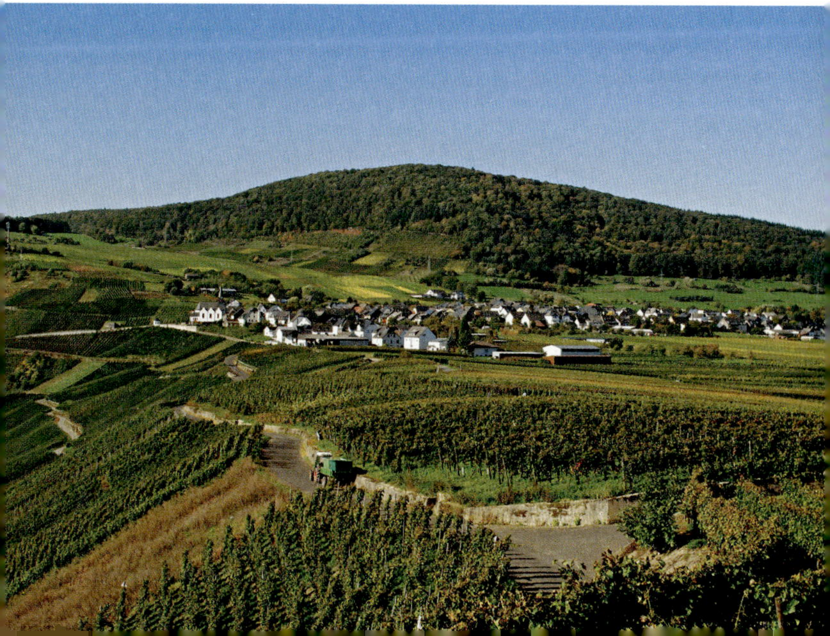

10 Von Osann-Monzel nach Bernkastel-Kues

4.00 Std.
13,6 km

Unterwegs in der Heimat des Cusanus

Anfangs sonnige Weinberge, später waldreiche Wanderung mit einem lang gezogenen Anstieg hinter Mülheim, der mit einigen steileren Passagen garniert ist. Höhepunkte sind der weite Blick vom Brauneberg, die Annakapelle, die Burg Landshut und natürlich Bernkastel-Kues mit seinen zahlreichen sehenswerten Häusern und Plätzen.

Ausgangspunkt: Osann-Monzel. Erreichbarkeit: per Bus ab Wittlich oder Bernkastel-Kues (unbedingt aktuelle Fahrpläne beachten!), per Auto über die L 47.
Endpunkt: Bernkastel-Kues. Rückfahrt nach Osann-Monzel per Bus ab Kues möglich, aber zeitlich begrenzt, Taxi Tel. +49 6531 8149.
Höhenunterschied: Aufstieg 380 m, Abstieg 450 m.
Anforderungen: Mittel. Breite, bequeme Wanderwege geleiten bis hinter Mülheim. Im Wald folgen teilweise steinige und wurzelige Wege, die Konzentration erfordern. Recht steiler Abstieg hinab nach Bernkastel.
Einkehr: Mülheim, Burg Landshut.
Unterkunft: **Neumagen-Dhron:** Siehe vorherige Etappe. – **Bernkastel-Kues:** Hotel Bären, Schanzstraße 9, 54470 Bernkastel-Kues, Tel. +49 6531 950440, hotel-baeren.de; Hotel Moselblümchen, Schwanenstraße 10, 54470 Bernkastel-Kues, Tel. +49 6531 2335, hotel-moselbluemchen.de.
Information: **Osann-Monzel:** Tourist-Information & Gemeindebüro, Weinbergstraße 1, 54518 Osann-Monzel, Tel. +49 6535 949284, osann-monzel.de. **Bernkastel-Kues:** Siehe Folgeetappe.
Wanderkarte: Freizeitkarte Moselsteig (1:25.000), Karte 2: Trier – Zell.

In **Monzel (1)** folgt man dem Noviander Weg in östlicher Richtung, um noch innerorts zur Parallelstraße rechts zu wechseln. Mit ihr strebt der Moselsteig links an einem Bildstock vorbei in die Weinberge. Nach nur 1 km erreicht man

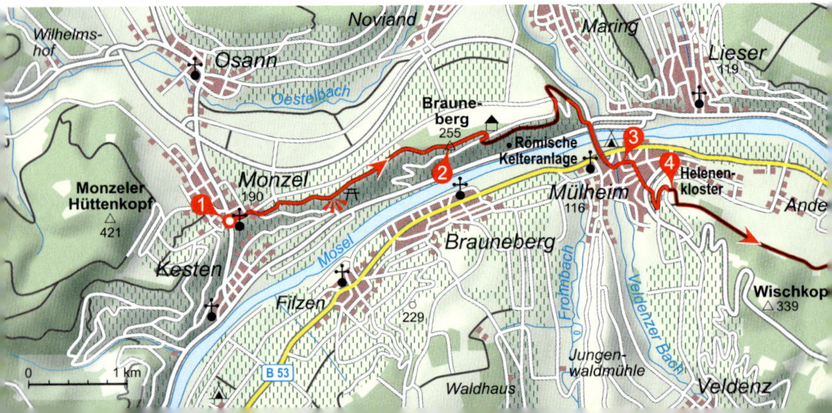

einen sehr schönen Rastplatz, von wo aus man die exponierte Lage Monzels noch einmal eindrucksvoll studieren kann: die ebenmäßige Kuppe des Monzeler Hüttenkopfs (421 m) im Hintergrund, die Kätzchen-Weinlage Richtung Moselfront und das markante Kirchlein an der Abrisskante zu Kesten. Ein schöner Aussichtsplatz, auch wenn es für die Rast noch viel zu früh ist. Der Weg erklimmt nun stetig, aber selten steil den **Brauneberg (2)**, an dessen Moselflanke edle Tropfen heranreifen. Nicht grundlos gilt die Lage »Juffer-Sonnenuhr« unter Kennern als Filetstück der Gemeinde Brauneberg, des lang gestreckten Ortes am jenseitigen Ufer.

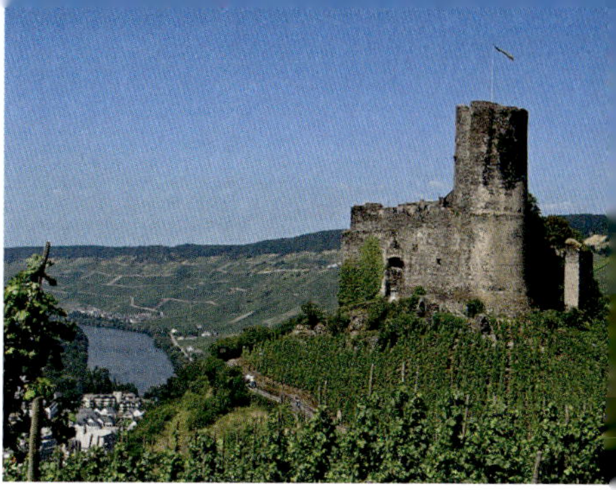

Burg Landshut.

Auf den Höhen des Braunebergs begegnen Sie – wie so häufig auf dem Moselsteig – dem »M« als Wegzeichen des Moselhöhenwegs. Vielleicht haben Sie sich schon einmal gefragt, warum die großen »M«s auf der Eifelseite schwarz hinterlegt sind und auf der Hunsrückseite grün? Die Antwort ist einfach, denn es gibt zwei Moselhöhenwege, auf jeder Moselseite einen. Während der eifelseitige Weg über den Brauneberg führt, verläuft sein Pendant an dieser Stelle kaum noch in Sichtweite von der Mosel am Haardtkopf, der mit einem Sendemast gekrönten Erhebung am Horizont. Auch wenn man eigentlich immer noch nicht weit gekommen ist, lohnt eine Rast am Brauneberg (Schutzhütte) allein schon wegen der grandiosen Aussicht.

Sobald es wieder abwärts geht, erkennt man moselabwärts am Hang am anderen Ufer die mittelalterliche Burgruine Landshut, zu deren Füßen auf der abgewandten Seite der Etappenort Bernkastel-Kues liegt, eine echte Perle des Moseltals. Doch langsam, der Weg dahin ist noch weit und spannend.

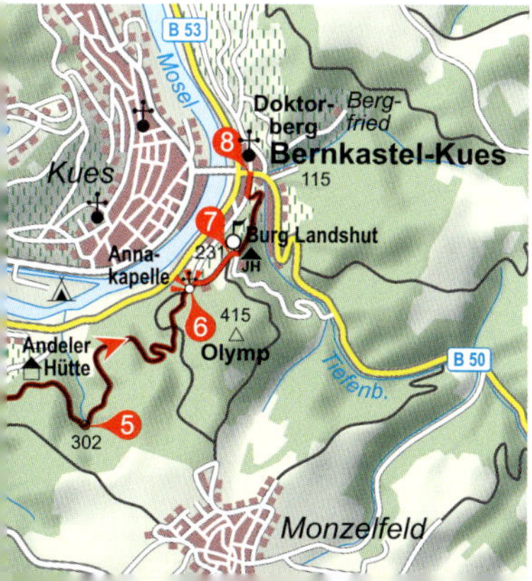

Vor dem nächsten Kerbtal geht es im Wald rasant bergab und an der Mündung der Lieser in die Mosel wechselt der Moselsteig erneut zur Hunsrückseite. Hier liegen sich die Weinorte Lieser und **Mülheim (3)** gegenüber und da der Weg letzteren durchzieht, wäre hier eine Einkehr ohne Umweg möglich.

Über Hauptstraße und Bergweg verlässt man, die Landstraße unterquerend, Mülheim und steigt in den Reben gemächlich an. Dabei ergeben sich Blicke auf Lieser mit seinem prächtigen Schloss. Weiter oben erreicht man das auf ein kleines Häuschen zusammengeschrumpfte ehemalige **Helenenkloster (4)**.

i ***Helenenkloster:*** *Die Fundamente des mittelalterlichen Klosters liegen teilweise noch heute unter dem Weinberg. Interessant ist aber auch, was sich im November 1813 hier abspielte: Franz Ludwig Niessen begegnete genau an dieser Stelle Napoleon I., der sich nach der Völkerschlacht von Leipzig auf dem Rückzug durchs Moseltal befand. Durch die Zahlung einer stattlichen Summe bewahrte der tapfere Mann sein Dorf vor Plünderungen durch Napoleons Rumpftruppe.*

Am Waldrand zieht sich der Moselsteig auf gleichbleibender Höhe dahin, wobei sich der Waldsaum zunächst links, dann rechts befindet, was sogleich schöne Blicke auf die Steillagen zwischen Lieser und Bernkastel-Kues offenbart. Doch die Beschaulichkeit des Weges täuscht, denn schon folgt er rechter Hand dem Taleinschnitt und steigt abrupt an. Während die natürliche Geländeformation die Richtung vorgibt, erfolgen die Aufstiege im dichten Wald wellenartig. Rasch gewinnt man an Höhe und die Lichtung bei der **Andeler Hütte** liegt schon auf 270 m. Beachtenswert ist der Blick auf die Burg Landshut.
Doch weiter strebt der Weg in den enger werdenden Einschnitt eines **Bachtals (5)** aufwärts. Alter Baumbestand, schmale, steile Pfade, zerklüftete Kerbtäler und imposante Felsen dominieren die Szenerie auf dem Teilstück zur **Annakapelle (6)**. Der Hang fällt an dieser Stelle steil ab, sodass die Mosel plötzlich überraschend nah erscheint. Ein geradezu ideales Gelände, um einen Kreuzweg anzulegen. Es lohnt sich, der Betstrecke ein Stück weit bergab zu folgen, damit man das Bildnis auf der moselseitigen Außenwand der Kapelle würdigen kann. Es zeigt Maria mit dem Schmerzensmann.
Nachdem man den Wald kurz hinter der Kapelle endgültig verlässt, weist der obere Abschluss der Weinfelder den Weg zur **Burg Landshut (7)**. Die erste mittelalterliche Burgruine, die der Moselsteig flussabwärts passiert, bietet eine Gastronomie mit viel Flair, wobei vor allem der Innenhof sehr reizvoll ist.
Der Abstieg ins pittoreske **Bernkastel (8)** zieht sich schließlich rutschbahnartig über einen steilen Bergrücken, den man sich in der anderen Richtung zu begehen nicht wirklich vorstellen möchte.

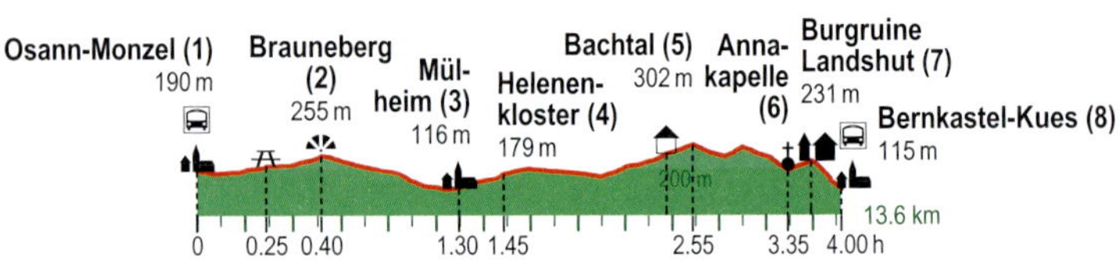

Bernkastel-Kues und die Burg Landshut

Die Verbandsgemeinde Bernkastel-Kues hat über 20.000 Einwohner, was für Moselverhältnisse richtig viel ist. Ca. 6500 davon leben direkt in der Doppelstadt an der Mündung des Tiefenbachtals in einer weiten Moselschleife. Der Stadtteil Bernkastel, der bereits 1291 die Stadtrechte erhielt, ist einer der touristisch hoch frequentierten Orte an der Mittelmosel. Er ist mit seinen prachtvoll verzierten Fachwerkhäusern, dem Renaissance-Rathaus und dem Marktplatzensemble ohne Frage sehenswert. Von der alten Stadtbefestigung ist das Graacher Tor erhalten und die frühgotische St.-Michaels-Kirche beherbergt eine prächtige Barockorgel. Die 1277 erbaute Burg Landshut, hoch über der Stadt, ist seit einem schweren Brand im Jahre 1692 eine Ruine. Es ist urkundlich belegt, dass an ihrer Stelle schon vor dem 13. Jh. eine ältere Festung stand. Der berühmteste Sohn der Stadt ist Nicolaus von Kues, latinisiert Nicolaus Cusanus, der 1401 geboren wurde. Im Stadtteil Kues können Sie das Geburtshaus mit einer interessanten Ausstellung über das Leben und Wirken des Philosophen, Kirchenpolitikers, Kardinals und Bischofs von Brixen besuchen. Zudem erinnert das Ende des 16. Jh. erbaute St.-Nikolaus-Hospital am Moselufer mit einer Kapelle, einem Kreuzgang und einer kostbaren Privatbibliothek an Cusanus.

Bernkastels bekannteste Weinlage ist der »Doctor«, dessen Name von einer Behandlung Erzbischofs Boemund II. im 13. Jh. herrührt. Nachdem kein Medikament dem erkrankten Kirchenmann helfen konnte, versuchte er es mit Wein aus Bernkastel und gesundete – angeblich. Weitere Weinlagen: Badstube (Großweinlage), Schloßberg (Bernkastel), Weisenstein, Kardinalsberg (Kues), Sonnenuhr (Wehlen).

Aussicht auf Bernkastel-Kues.

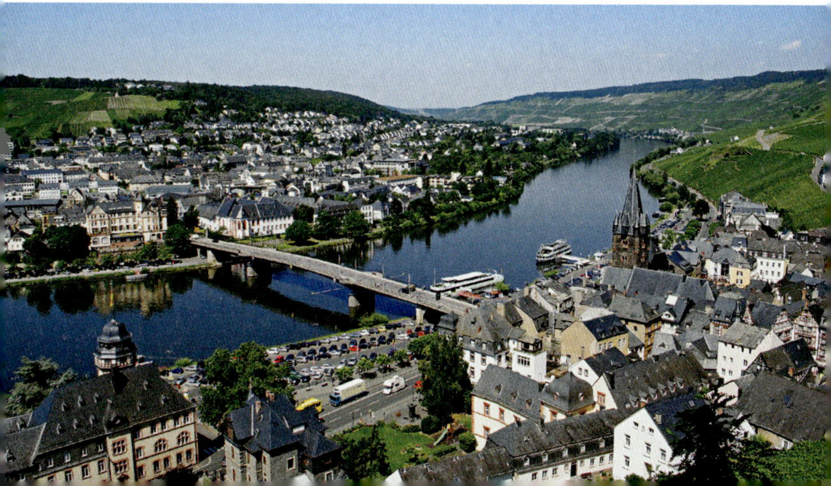

11 Von Bernkastel-Kues nach Ürzig

5.15 Std.
17,0 km

Ein eindrucksvolles Kloster und ein umstrittener Brückenschlag

Steil ansteigend führt der Weg im Taleinschnitt Richtung Hangkante. Oben belohnt ein prächtiger Ausblick auf die Moselschleife von Bernkastel-Kues, bevor es gemächlich dahin- und schließlich nach Zeltingen-Rachtig hinuntergeht. Vom Kloster Machern am anderen Moselufer zieht sich der Weg zur Ürziger Höhe empor, wo die ebenso umstrittene wie imposante Hochmoselbrücke das Moseltal überspannt.

Der menschenleere Marktplatz von Bernkastel – ein seltener Anblick.

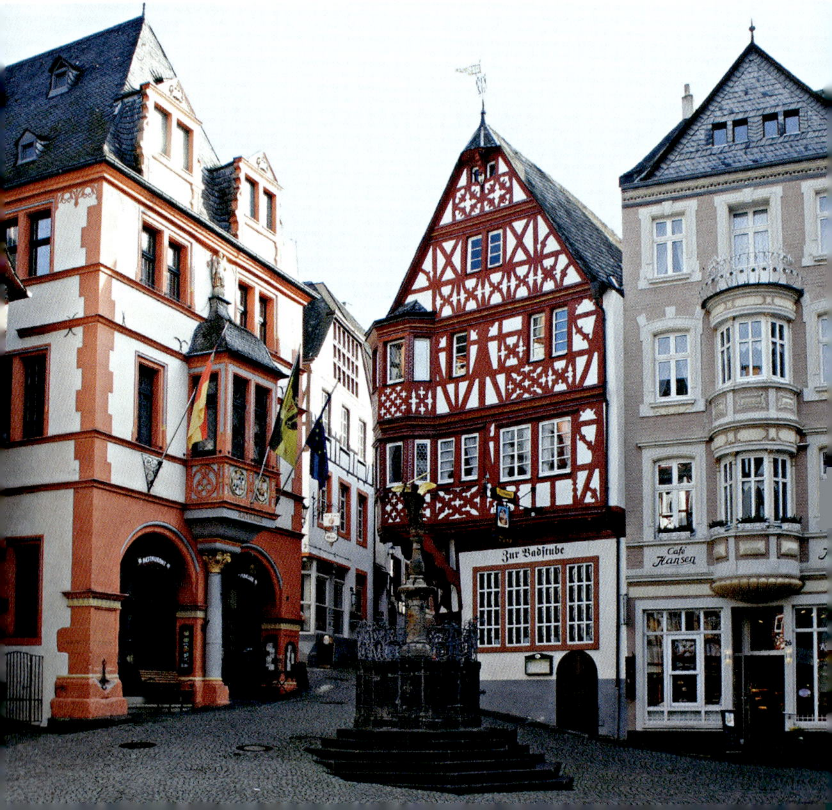

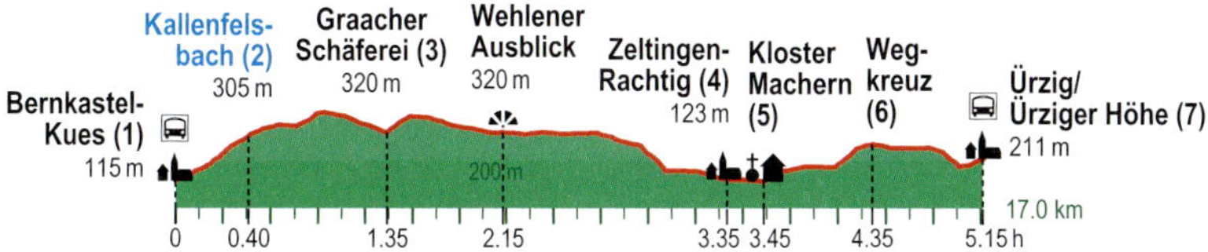

Ausgangspunkt: Bernkastel-Kues. Erreichbarkeit: Busverbindung zum Bahnhof Bullay, Anfahrt mit dem Auto über die B 50.
Endpunkt: Ürzig. Rückfahrt nach Bernkastel-Kues per Bus (unbedingt aktuelle Fahrpläne beachten!).
Höhenunterschied: Aufstieg 575 m, Abstieg 480 m.
Anforderungen: Mittel. Ein kräftezehrender Anstieg leitet die Tour ein. Auf einigen Pfadpassagen ist Trittsicherheit erforderlich. Kurzer Steilabstieg oberhalb von Zeltingen-Rachtig.
Einkehr: Zeltingen-Rachtig, Kloster Machern.
Unterkunft: Bernkastel-Kues: Siehe vorherige Etappe. – **Ürzig:** Hotel & Restaurant Zur Traube, Hüwel 16. 54539 Ürzig/Mosel, Tel. +49 6532 930830, zurtraubeuerzig.de; Gästehaus Petra, Hubertushöhe 4, 54539 Ürzig (Ürziger Höhe), Tel. +49 6532 2895, gaestehaus-petra.de.
Information: Bernkastel-Kues: Mosel-Gäste-Zentrum (Tourist-Information), Gestade 6, 54470 Bernkastel-Kues, Tel. +49 6531 500190, bernkastel.de. – **Ürzig:** Siehe Folgeetappe.
Wanderkarte: Freizeitkarte Moselsteig (1:25.000), Karte 2: Trier – Zell.

Abgesehen von den unvergleichlichen Eindrücken verlässt man **Bernkastel-Kues (1)** wie man es betreten hat – auf einem steilen Pfad. Allerdings ist es nicht der Burgberg den es zu erklimmen gilt, sondern ein enges **Bachtal**. Aus dem Ortskern folgt man der Römerstraße und danach der Kallenfelsstraße, begleitet vom gleichnamigen Bachlauf. Bald schon wechselt man auf einen Pfad, der den Moselsteigwanderer auf Betriebstemperatur bringt. Auch als der **Kallenfelsbach (2)** viel weiter oben gequert wird, ist es noch nicht ganz geschafft. Nach kurzer Verschnaufpause bläst die Steigung zum großen Finale. Oben angekommen bietet sich dann aber ein prächtiger Ausblick mit dem schönen Namen »Maria Zill«. Nicht nur Bernkastel-Kues mit der mittelalterlichen Burgruine geraten ins Blickfeld, sondern – zumindest bei klarer Sicht – auch die Vulkankegel der Eifel.
Bleibt eigentlich nur noch die Frage: Wer war Maria Zill? Der einzige Hinweis, den ich gefunden habe, verweist auf eine Urlauberin im Kautenbachtal. Nun, etwas dürftig, aber es nährt vielleicht die Hoffnung, dass auch nach Ihnen in Zukunft ein Aussichtsplatz benannt sein könnte. Mit dieser »Aussicht« passiert der Wanderer den Hangwald zur Linken und eine Wiese zur Rechten. Hinter der Schutzhütte geht es dem Geländeeinschnitt des Schadbaches folgend durch den Wald abwärts zum Bergnest **Graacher Schäferei (3)**. Hoch oberhalb der Mosel herrscht Ruhe und irgendwie scheint die Zeit stehengeblieben. Wer selbige hat, sollte einen kleinen Abstecher in den Ort un-

ternehmen, bevor er sich wieder dem die Siedlung lediglich oberhalb tangierenden Moselsteig widmet.

Ein steiler Waldweg führt auf 700 m Länge zur Hanghöhe, wo zunächst dichtes Gehölz den Talblick verwehrt. Gemächlich senkt sich der Weg in die Hangflanke und führt gut markiert zum **Wehlener Ausblick.** Die Besonderheit ist der Moselübergang, denn nur hier verbindet eine Hängebrücke die Uferseiten. Zu Ihren Füßen erkennen Sie die Ortschaft Graach mit dem ausgelagerten Josephshof, einem ehemaligen Hof- und Weingut des Klosters Sankt Martin in Trier. Die Graacher Rebflächen mit den bekannten Weinlagen Himmelreich, Dompropst und Abtsberg liegen zu 90 Prozent im Steilhang.

Bis zum Abstieg auf der Höhe von **Zeltingen-Rachtig (4)** folgt der Weg ohne größere Höhendifferenzen der Hangkante, wo zugewachsene Passagen die vielen Traumblicke ins Moseltal lediglich kontrastieren. Auch eine der immer wieder beeindruckenden Drachenflugrampen wird passiert. Im bewaldeten Taleinschnitt zweigt der Moselsteig links ab und stürzt auf dem schmalem Pfad rasant bergab, was bei feuchter Witterung für den Wanderer wörtlich zu verstehen sein könnte. Gutes Schuhwerk ist wie an vielen Passagen des Moselsteigs auch hier Pflicht. Nach dem kurzen Steilabstieg bringt Sie ein breiter bequemer Weinbergweg

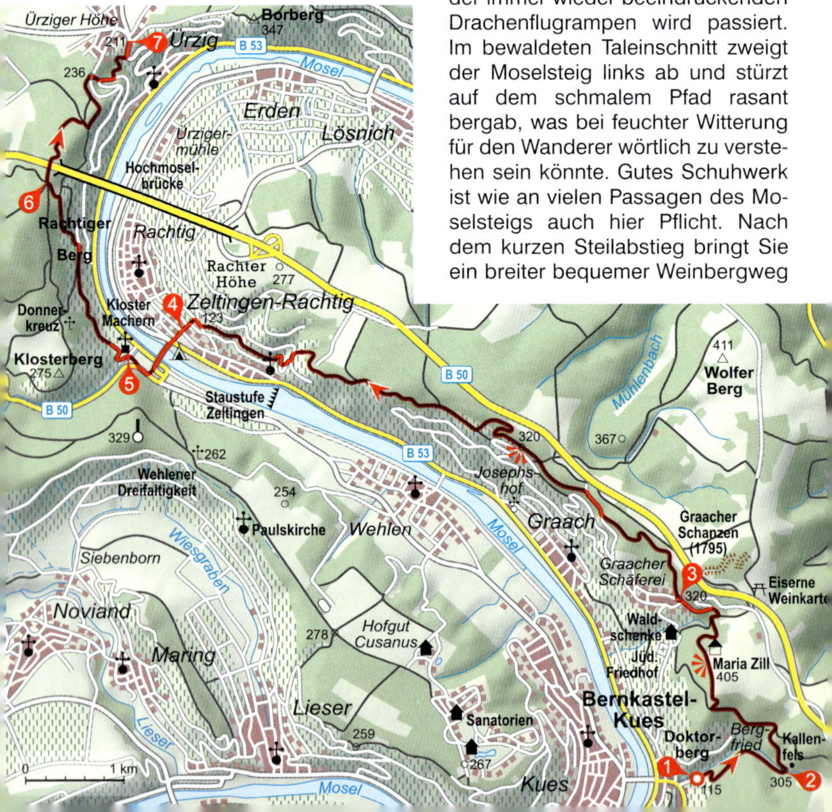

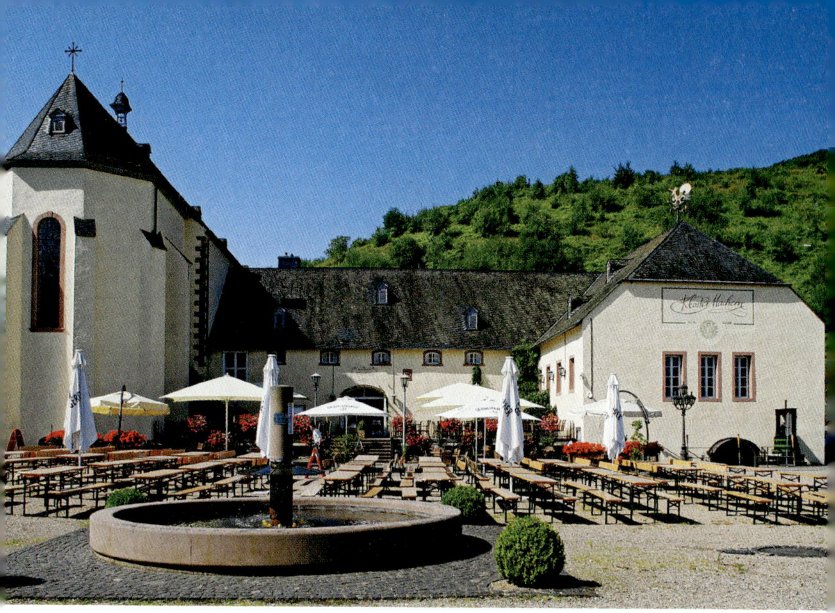

Kloster Machern.

nach Zeltingen, das mit kühlen Gassen, netten Restaurants und einer schönen Uferpromenade zu locken weiß.
Wieder einmal wird der Fluss überschritten und mit der **Klosteranlage Machern (5)** trägt ein weiteres Highlight dazu bei, den Moselsteig als unvergessliches Erlebnis in den Erinnerungen des Wanderer zu verankern. Wer nicht bereits in Zeltingen eingekehrt ist, sollte hier seine Chance nutzen.

***i* Kloster Machern**

1084 als Benediktinerabtei gegründet, diente die Anlage ab 1238 bis zur Säkularisierung 1802 adeligen Zisterzienserinnen als Wohnstatt. Heute finden in der ehemaligen Klosteranlage zahlreiche kulturelle Veranstaltungen wie Ausstellungen und Konzerte statt. Zudem beherbergt das Kloster Machern ein Spielzeug- und ein Ikonenmuseum sowie eine Klosterbrauerei mit angeschlossenem Restaurant.

An der linken Seite der Klosteranlage betritt man den Taleinschnitt, folgt aber kaum 100 m nach der in den Fels gehauenen Kapelle dem ersten Weg nach rechts. Unterhalb der Rebfläche führt dieser durch buschiges Brachland. In der nächsten Spitzkehre geht es an der Hangflanke geradeaus weiter und nach einem ersten Anstieg oberhalb der Reben leicht bergab, bevor sich der

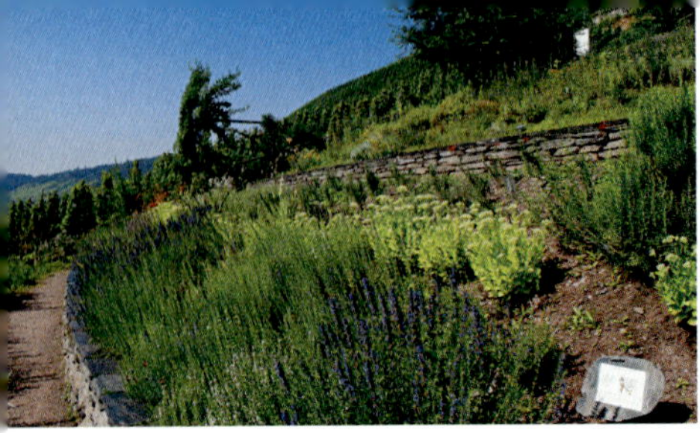

Im Gewürzgarten Ürzig.

Moselsteig doch für ein höheres Niveau entscheidet. Auf den ersten steilen Anstieg folgt ein Teilstück mit geringen Höhenunterschieden durch teilweise noch intakte, überwiegend aber brachliegende Weinbergsflächen, bevor der Weg zum Wald hinauf erneut stark ansteigt. Unweigerlich nähert man sich der umstrittenen **Hochmoselbrücke**. Am steinernen **Wegkreuz (6)** hält man sich rechts und überquert wenig später auf einer breiten Landschaftsbrücke die Straße. Wer einen spektakulären Blick auf das Bauwerk werfen möchte, sollte an der Kuppe vor dem Übergang ein paar Meter rechts vom Weg abzweigen. Zurück auf dem Weg geht es auf der anderen Seite zunächst auf schmalen Pfaden und dann auf einem Forstweg zum nächsten Wegkreuz. Von hier aus führt der Weg etwa 250 m an der Hangkante entlang und anschließend linker Hand zum Wasserhäuschen.

Ürzig, der Etappenort, ist nun nur noch einen Steinwurf entfernt, aber der Moselsteig macht aus dem kurzen Wegstück ein echtes Event, denn er wählt nicht die direkte Verbindung zum Ortsteil **Ürziger Höhe (7)** sondern führt zunächst im Wald steil abwärts, quert eine Weinlage und strebt schließlich der Straße folgend wieder bergan. Das bringt den Vorteil gleich zweier schöner Aussichten, zum einen auf das Schieferdachmeer der alten Ürziger Häuser und zum anderen auf die prominente Weinlage »Ürziger Würzgarten« mit dem unverwechselbaren Felsprofil.

i Ürzig

Die außergewöhnlich eindrucksvolle Lage an den steilen, felsigen und dennoch fast vollständig mit Rebstöcken beflockten Schieferhängen und die verwinkelten Gassen mit ihren zahlreichen Fachwerkhäusern machen Ürzig zu einem der schönsten Orte an der Mosel. Besonders beachtenswert ist das historische Rathaus. Von den einstmals drei Burgen existiert nur noch ein Turm in der Urlay und auch das klösterliche Leben ist verschwunden. Immerhin zeugen noch die großen Höfe der Abteien Himmerod und Springiersbach an der Mosel von der einstmaligen Bedeutung Ürzigs. Auf halber Höhe zwischen der Altstadt und der Ürziger Höhe befindet sich am Hang gelegen der Ürziger Gewürz- und Kräutergarten, dessen Düfte verzaubern. Auch weinbautechnisch kann der Ort mit einer Ausnahme aufwarten, denn in der Gegend von Ürzig findet man einen Boden mit Anteilen von vulkanischem Gestein vor, der körperreiche, würzige Weine hervorbringt.

Weinlagen: Würzgarten, Goldwingert.

4.00 Std.
15,0 km

Von Ürzig nach Traben-Trarbach 12

Unterwegs im alten Cröver Reich

Durch den Wald zieht sich der Weg zum Borberg hinauf und entpuppt sich Richtung Kröver Bergkapelle als imposanter Panoramaweg mit kurzen Abstechern in feuchte Waldtäler. Von dort folgt man hoch über den Fluss der Moselschleife um Wolf mit seiner Klosterruine, wobei man sich am Mont Royal kurzzeitig in die Niederlande versetzt fühlt. Sachte steigt es sich schließlich nach Traben-Trarbach ab.

Ausgangspunkt: Ürzig, Ürziger Höhe an der Landstraße nach Wittlich. Erreichbarkeit: Busverbindung zum Bahnhof Wittlich, mit dem Auto über die B 53.
Endpunkt: Traben-Trarbach, Moselbrücke. Rückfahrt nach Ürzig per Bus (unbedingt aktuelle Fahrpläne beachten!).
Höhenunterschied: Aufstieg 290 m, Abstieg 400 m.
Anforderungen: Leicht. Nach dem Aufstieg zum Borberg geht es auf breiten Wegen gemächlich zu. Auf den langen, offenen Abschnitten ist auf entsprechenden Sonnenschutz zu achten.
Einkehr: Mont Royal.
Unterkunft: Ürzig: Siehe vorherige Etappe. – **Traben-Trarbach:** Hotel Moseltor, Moselstraße 1, 56841 Traben-Trarbach (Trarbach), Tel. +49 6541 6551, moseltor.de; Hotel Trabener Hof, Bahnstr. 25, 56841 Traben-Trarbach (Traben), Tel. +49 6541 70080, trabener-hof.de.
Information: Ürzig: Tourist-Information Ürzig Rathausplatz 7, 54539 Ürzig, Tel. +49 6532 2620, uerzig.de. – **Traben-Trarbach:** Siehe Folgeetappe.
Wanderkarte: Freizeitkarte Moselsteig (1:25.000), Karte 2: Trier – Zell.

Blick zurück Richtung Ürzig.

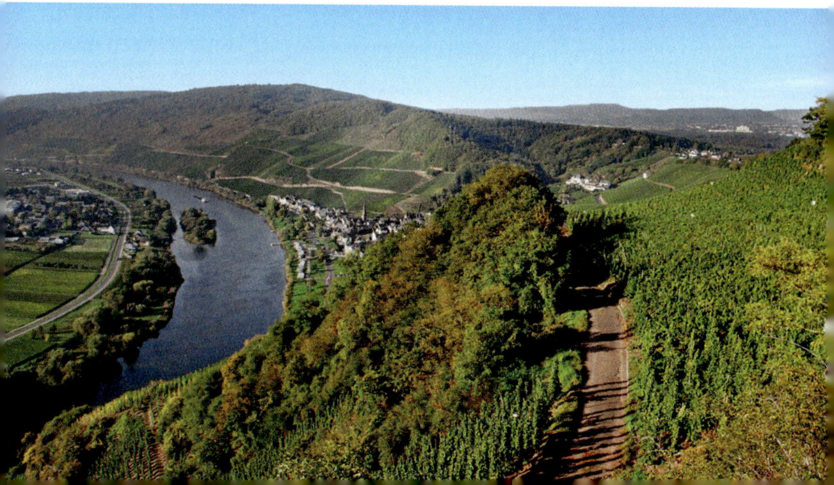

Die heutige Etappe startet an der Kreuzung im Ortsteil **Ürziger Höhe (1)**, was aber nicht heißt, dass nun der übliche kräftige Aufstieg am Tourbeginn ausbleibt. Die Höhendifferenz zum Borberg beträgt stolze 170 m und wer zu allem Überfluss sein Nachtquartier an der Ürziger Moselfront gebucht hatte, bringt vom Zuweg bereits nochmals 100 Höhenmeter mit. Es ist also Sportsgeist gefragt, wenngleich es nach dem anspruchsvollen Auftakt eine eher leichte Angelegenheit wird. Folgen Sie also der Römerstraße und wechseln bei erster Gelegenheit links neben der Fahrbahn in den Wald. Nach 1,2 km wird die Straße überquert und ein schmaler Pfad bringt Sie zur Burgberghütte auf dem **Borberg (2)**. Die prächtige Aussicht auf das Tal wird durch den Bau der Hochmoselbrücke leider für immer gestört sein. Angesichts dessen mag es nur ein kleiner Trost sein, dass unterhalb einer der würzigsten Rieslingweine des Moseltals heranwächst. Das wiederum liegt an dem besonderen, aus Vulkangestein bestehenden Boden in Verbindung mit perfekter Sonneneinstrahlung an der extremen Steillage. Vom Rastplatz aus wird die bewaldete Bergkuppe wenig später erreicht und nach kurzem Abstieg gelangt man zur nächsten Topweinlage, dem Erdener Treppchen. Oberhalb der Reben zieht sich der Weg aussichtsreich zur Landstraße empor. Auf der anderen Straßenseite führt der Moselsteig zusammen mit dem Moselhöhenweg durch Wald und Buschwerk an einem Feld vorbei in einen Taleinschnitt. Hier geht es zunächst nach rechts Richtung Landstra-

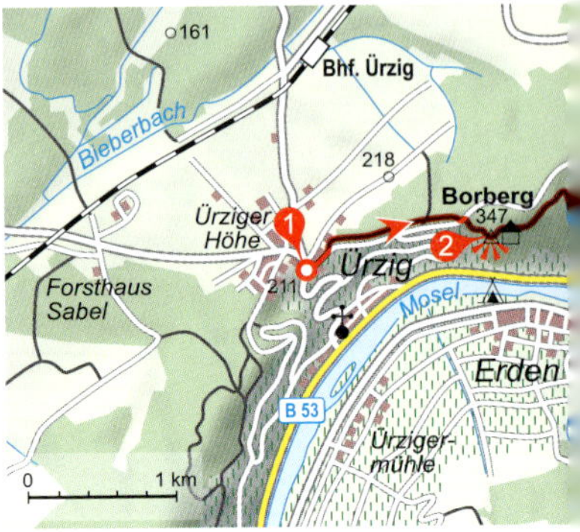

Aussichtsplatz oberhalb von Kröv.

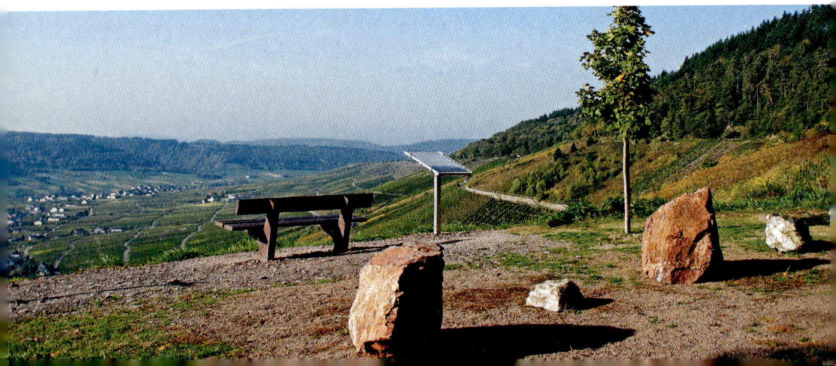

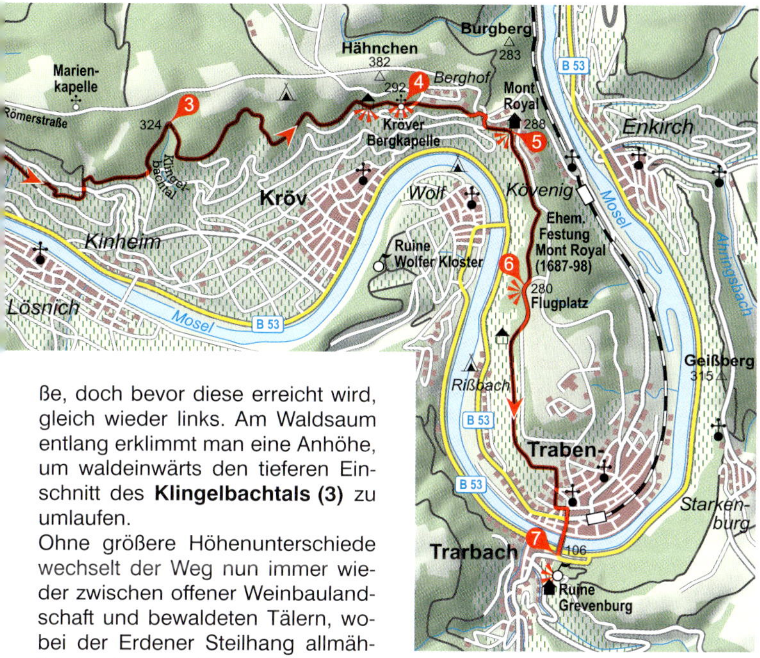

ße, doch bevor diese erreicht wird, gleich wieder links. Am Waldsaum entlang erklimmt man eine Anhöhe, um waldeinwärts den tieferen Einschnitt des **Klingelbachtals (3)** zu umlaufen.

Ohne größere Höhenunterschiede wechselt der Weg nun immer wieder zwischen offener Weinbaulandschaft und bewaldeten Tälern, wobei der Erdener Steilhang allmählich in einen Gleithang übergegangen ist – die berühmte Großweinlage Kröver Nacktarsch! Aber auch die idyllischen Täler, die Sie durchwandern, sind überaus sehenswert und mit etwas Glück erleben Sie an den steilen Feuchtwänden der Bachläufe eine Vielfalt von Schmetterlingen.

Nach etwas über 8 km Gesamtwegstrecke haben Sie das letzte Tal durchmessen und passieren auf dem bequemen Waldsaum oberhalb der Rebenflächen die Grillhütte »Zum Hähnchens Born«, bevor Sie die **Kröver Bergkapelle (4)** erreichen. Von hier aus haben Sie einen herrlichen Blick auf die

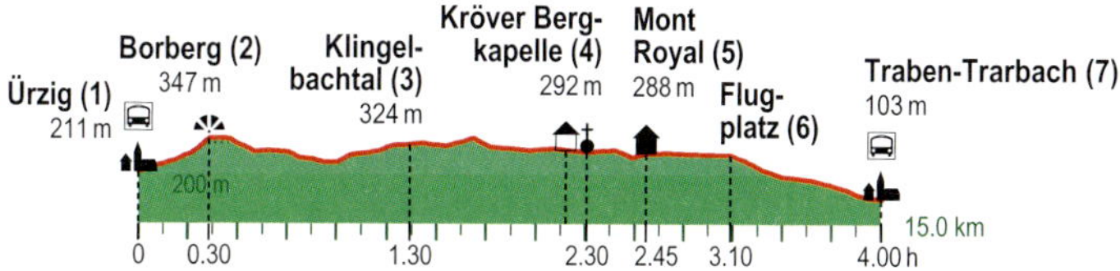

Moselschleife bei Kröv und Wolf sowie die Klosterruine auf der anderen Seite. Die Liebfrauenkirche auf dem Göckelsberg, wie das Kloster Wolf früher hieß, zählte zu den ersten Pfarrkirchen in der Region. Die früheste urkundliche Erwähnung datiert von 1255. Im 14. und 15. Jahrhundert kam es zu umfangreichen baulichen Erweiterungen. 1560 wurde das Kloster infolge der Reformation aufgelöst, jedoch behielt die Kirche ihre Pfarrrechte und während der spanischen Besatzung in den Jahren 1622–24 wurden an dieser Stelle wieder Gottesdienste gefeiert. Im Verlauf des Dreißigjährigen Krieges verwahrloste das Gotteshaus schließlich und diente fortan hauptsächlich als Lieferant für Baumaterial. Aber auch Krövs Geschichte verdient Beachtung.

i Kröv

Gräberfunde und die Überreste einer Fliehburg auf dem Kröver Burgberg belegen frühe Besiedlungsaktivitäten. Ab 58 v. Chr., nachdem Gaius Julius Cäsar die Kelten unterwarf, geriet Kröv als »croviacum« unter römischen Einfluss. Ein erneuter Machtwechsel im 6. Jahrhundert, als die römischen Domänen an das Frankenreich fielen, sorgte dafür, dass ein Allodium mit eigenem Weistum, eigener Rechtsprechung und Gerichtsbarkeit entstand, das »Cröver Reich«. Wenn es sich auch ab dem 14. Jahrhundert eines stärkeren Einflusses der Grafen von Sponheim und der Trierer Kurfürsten ausgesetzt sah, hatte es bis 1794 Bestand. Bis es von französischen Revolutionstruppen aufgelöst wurde, hatte es vor allem eine diplomatische Bedeutung, besaßen doch viele Repräsentanten des damaligen Feudalsystems in der Kröver Gemarkung Weinberge und in Kröv selbst prächtige Höfe. Der Echternacher Hof und der Kaiser Hof zeugen wie ein gutes Dutzend weiterer Bauten noch heute davon. Sehenswert sind zudem das alte Rathaus, das Dreigiebelhaus und zwei Kapellen in den Weinbergen, die Kesselstattkapelle am nördlichen Ortsende und die Bergkapelle hoch oberhalb der Ortschaft. Bekannt ist Kröv für seine Großweinlage Nacktarsch. Die Legende zur Namensgebung lassen Sie sich am besten vor Ort erzählen.

Eine Waldpassage leitet nun über zur niederländisch geprägten Feriensiedlung am **Mont Royal (5)**, wobei der Name von einer ehemaligen Festungsanlage herrührt, die zwischen 1687 und 1698 nach Plänen von Sébastien Le Prestre de Vauban erbaut wurde. Bereits kurz nach ihrer Fertigstellung wurde die Anlage aufgegeben und geschleift. Heute sind davon nur noch wenige Überreste zu bestaunen, während sich das Feriendorf großer Beliebtheit erfreut und dem Moselwanderer neben der fantastischen Aussicht eine Einkehrmöglichkeit bietet.
Durch dichten Hangwald strebt der Moselsteig nun zum **Flugplatz Traben-Trarbach (6)**, um kurz danach an der Hangflanke Richtung Weinberg höhenmäßig abzufallen. Ein Weinbergweg geleitet Sie schließlich hinunter zum schön gelegenen **Traben-Trarbach (7)**, der Doppelstadt zwischen Fachwerk und Jugendstil.

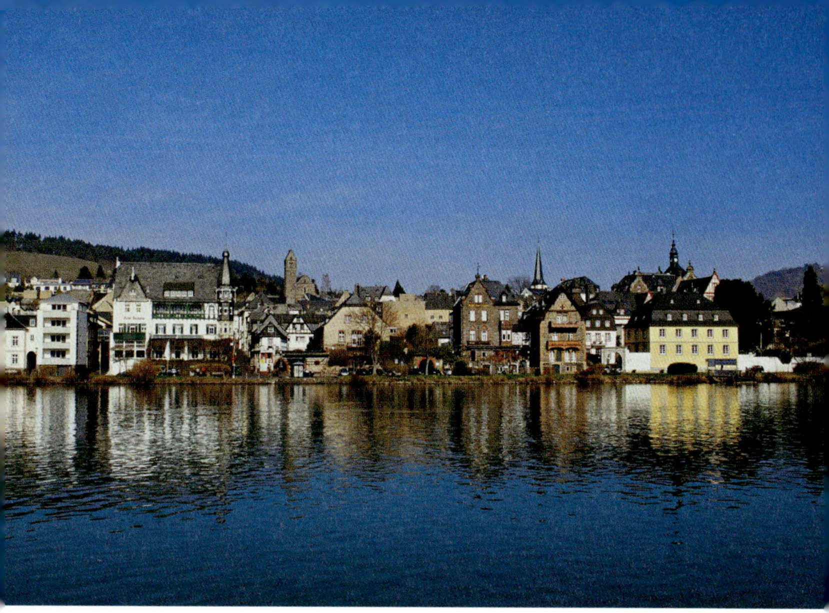

Blick vom Trabener Ufer auf Trarbach.

Traben-Trarbach

Die exponierte Lage am Scheitelpunkt einer großen Moselschleife bringt für die beiden Teile der Doppelstadt unterschiedliche Konstellationen mit sich. Während Traben auf einer Art Landzunge liegt und dahinter die Weinberge sachte ansteigen, zwängen sich weite Teile der Altstadt Trarbachs in ein enges Tal. Vielleicht machen diese Gegensätze Traben-Trarbach so anziehend, vielleicht aber auch die zahlreichen Sehenswürdigkeiten, versprüht die Stadt doch neben Fachwerk und Weinkultur das Flair des Jugendstils und der »Belle Époque«. Zu nennen sind hier explizit das Brückentor und das Rathaus in Trarbach sowie das alte Postamt und das ehemalige Hotel »Clauss-Feist« (heute Bellevue) in Traben. Oberhalb von Trarbach bietet sich von der Grevenburg ein herrlicher Ausblick auf die Stadt. Die um 1350 erbaute, ursprünglich prächtige Burg wurde nach zahlreichen Belagerungen und Besitzerwechseln 1734 von den Franzosen zerstört. Besonders interessant ist nicht nur für Weinkenner eine Besichtigung der Gewölbekeller von Trarbach. Diese Gelegenheit bietet sich bei den regelmäßig angebotenen Führungen (Informationen beim Verkehrsamt, siehe »Information« auf der nächsten Seite).
Weinlagen: Gaispfad, Zollturm, Königsberg, Kräuterhaus, Würzgarten, Burgberg, Schlossberg, Taubenhaus, Ungsberg, Hühnerberg, Kreuzberg.

13 Von Traben-Trarbach nach Reil

4.15 Std.
14,3 km

Abstecher ins Mittelalter

Wie fast immer auf dem Moselsteig führt das erste Wegstück empor. Und gleich erwartet Sie mit der Grevenburg ein echtes Highlight. Ein zweites folgt mit der Starkenburg, wenn Sie den kleinen Abstecher vom markierten Moselsteig wagen. Danach bieten der Felsenweg nach Enkirch und der mittelalterlich anmutende Ort selbst großartige Wandererlebnisse. Ruhig geht es danach durch die Weinberge von Burg nach Reil.

Ausgangspunkt: Traben-Trarbach. Erreichbarkeit: Zugverbindung nach Bullay (Anschluss an die Regionalbahn nach Koblenz oder Wittlich), mit dem Auto über die B 53.
Endpunkt: Reil, Ortskern. Rückfahrt nach Traben-Trarbach per Bahn.
Höhenunterschied: Auf- und Abstieg 450 m.
Anforderungen: Mittel. Es geht häufig über schmale und auch steinige Pfade, was ein gewisses Maß an Trittsicherheit verlangt. Der Aufstieg zur Grevenburg sow der Abstieg hinunter nach Enkirch sind steil.
Einkehr: Grevenburg, Starkenburg, Enkirch.
Unterkunft: Traben-Trarbach: Siehe vorherige Etappe. – **Reil:** Hotel Villa Melsheimer, Moselstraße 5, 56861 Reil, Tel. +49 6542 900034, melsheimer.de; Reiler Hof, Moselstraße 27, 56861 Reil, Tel. +49 6542 2629, reiler-hof.de.
Information: Traben-Trarbach: Tourist-Information Traben-Trarbach, Am Bahnhof 5, 56841 Traben-Trarbach, Tel. +49 6541 83980, traben-trarbach.de. – **Reil:** Siehe Folgeetappe.
Wanderkarte: Freizeitkarte Moselsteig (1:25.000), Karte 2: Trier – Zell.

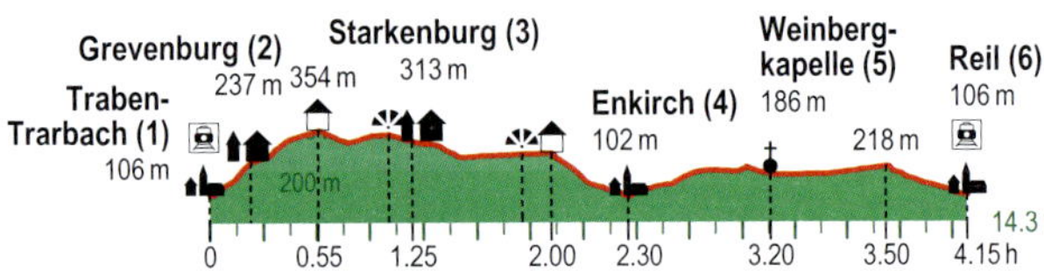

Am berühmten Brückentor von 1899, dem Wahrzeichen von **Traben-Trarbach (1)**, beginnt die heutige Wanderung. Folgen Sie der Verkehrsstraße etwa 50 m stadtauswärts. Von dort aus führt im Wald ein steiler Serpentinenweg hinauf zur **Grevenburg (2)**. Ein Abstecher über das Kriegerdenkmal ist dabei durchaus lohnend, wenngleich der Aufstieg von dort aus zur Burgruine über viele, steile Treppen führt. Oben erwartet Sie neben der Ruine und dem Ausblick eine Gaststätte mit einem sehr schönen Freisitz. Die einstmals mächtige Grevenburg wurde 1350 von Graf Johann III. von Sponheim errichtet und nach einer wechselvollen Geschichte 1734 von den Franzosen gesprengt. Seitdem ist der Blick mit dem markanten Mauerrest ein Grundinventar der Moselromantik. Wegweiser kündigen nun die Ruine Starkenburg und den Aussichtspavillon an. Der Weg folgt für etwa 300 m dem Zufahrtssträßchen zur Grevenburg, biegt dann aber nach links in den Wald ab (Wegweiser zur Starkenburg). An der folgenden Weggabel gehen Sie geradeaus bergan und nutzen den breiten Waldweg. Von der Lichtung aus, die einen Ausblick auf die Mosel erlaubt, erkennen Sie oberhalb bereits das Bergnest Starkenburg. Kurz danach taucht am Moselufer zudem Enkirch auf, das Sie später passieren werden.

Vorbei an einer Schutzhütte zieht sich der Weg durch den niederen Buschwald des Steilhanges, durch den zuweilen schroffes Felsgestein bricht. Immer wieder ergeben sich auch famose Ausblicke, wie beispielsweise von der Eberhards Ruh. Den in meinem Augen schönsten Aussichtsplatz vom Starkenburger Aussichtspavillon (356 m) bleibt der Moselsteig allerdings schuldig, da er erst etwas nördlicher auf den Ort trifft. Ein kurzer Abstecher ist aber möglich und empfehlenswert, zumal sich der Pavillon als Schutzhütte entpuppt. Wie ein Spielzeugstädtchen liegt Traben-Trarbach vor Ihnen. Sie erkennen die Eisenbahnlinie, das Brückentor und die Grevenburg.

Im Dorf Starkenburg, in dem man auch einkehren kann, erreicht man über einen verwinkelten Treppenweg die Hauptstraße durch den Ort. Nun macht der Moselsteig aber etwas, das man ihm so nicht zugetraut hätte: Er zweigt vor der eigent-

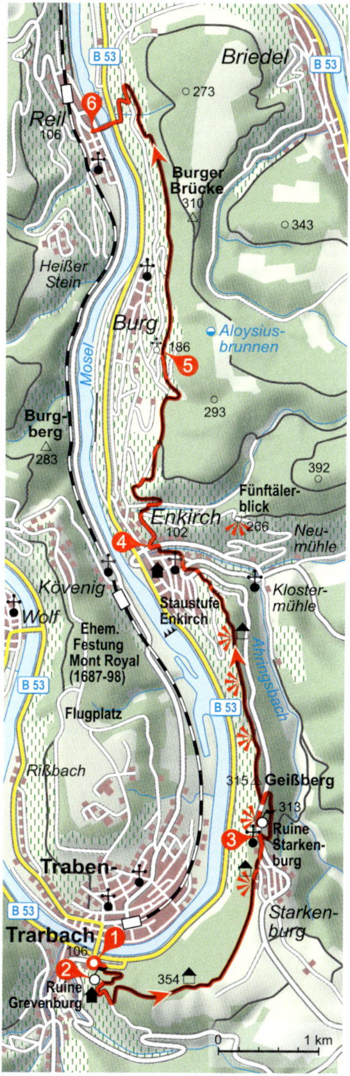

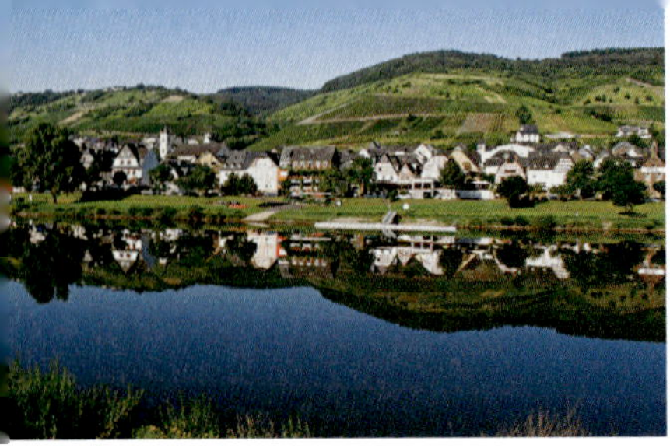

Blick auf Reil.

lichen Sehenswürdigkeit unvermittelt nach rechts ab, um den Wanderer über einen Wiesenweg zu leiten – vermutlich um ihm die kurze Passage entlang der Straße zu ersparen. Ich empfehle Ihnen aber, auf der Straße zu bleiben und die Überreste der erstmals im Jahre 1200 urkundlich erwähnten **Starkenburg (3)** zu besuchen. Besonders der Torbogen ist gut erhalten und das Burgareal oberhalb bietet sich für eine Rast an, Loretta-Blick inklusive. Ein Ausguck übrigens, der dem Trierer Erzbischof Balduin wohl nicht gefallen hat, obwohl die Mosel damals noch nicht durch Staustufen gebändigt fasrig mäandernd durchs Tal geflossen sein dürfte. 1328 ließ Gräfin Loretta, die junge Witwe Heinrich II. von Sponheim, den Kirchenmann während einer Moselfahrt kidnappen und erst gegen Zahlung eines Lösegeldes und politischer Zugeständnisse nach neun Monaten wieder ziehen.

Wer also nicht auf dem ignoranten Umweg die Burg gemieden hat, der folgt der Straße für ca. 200 m bergab, bevor er auf dem nach links einschwenkenden Waldweg wieder auf den Moselsteig trifft. Über den Bergrücken geht es vorbei an schönen Rastplätzen mit exzellenten Ausblicken auf den Jachthafen von Traben-Trarbach und die Staustufe von Enkirch. Aber nicht nur deshalb ist dieses Wegstück besonders reizvoll, denn es geht über den schmalen felsigen Kammweg des **Geißbergs**. Bleiben Sie an diversen Weggabelungen immer auf dem Grat und nehmen Sie im Zweifelsfall den mittleren Weg bergan, bis Sie nach 2 km zu einer hallenartigen Grillhütte gelangen.

Grevenburg.

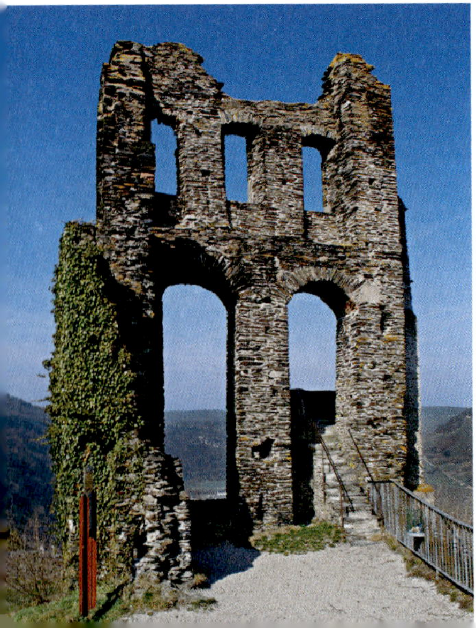

Erst ab hier geht es talwärts. Oberhalb der Weinberge besonders schön gelegen ist auch die Schutzhütte Rottenblick, die Sie wenig später passieren und die den endgültigen Abstieg nach En-

Enkirch

Die erste urkundliche Erwähnung Enkirchs stammt aus dem Jahr 733. Die exponierte Lage des Ortes an der Mündung eines weit verzweigten Bachtals machte ihn aber schon in der Kelten- und Römerzeit zu einem wichtigen Posten. Erste Siedlungsspuren reichen gar bis in die Steinzeit zurück. Den Beinamen »Schatzkammer rheinischen Fachwerkbaues« trägt das Dorf an der Mittelmosel zu Recht, denn entlang der engen Kopfsteinpflastergassen reihen sich besonders viele gut erhaltene Fachwerkhäuser. Um den Ortskern herum sind noch Teile der alten Ringmauer zu sehen. Enkirch war zwar befestigt, besaß aber keine Burg, weshalb die Kirche im Mittelalter als Wehrkirche genutzt wurde. Seit Mitte des 16. Jahrhunderts ist die Kirche und damit Enkirch übrigens protestantisch. Zu dieser Zeit reformierte Friedrich II. von Simmern, der spätere Kurfürst Friedrich III. von der Pfalz, das Oberamt Trarbach und damit auch Enkirch. Die katholische Kirche befindet sich am Ortsrand im Großbachtal. An dieser Stelle wurde 1135 eine Marien-Wallfahrtskapelle errichtet, die später zur Propsteikirche erweitert wurde und zwischenzeitlich Bestandteil eines 1685 gegründeten Franziskanerklosters war.
Weinlagen: Steffensberg, Montneubel, Weinkammer, Edelberg, Herrenberg, Zeppwingert, Ellergrub, Batterieberg.

kirch einläutet. In **Enkirch (4)** laden viele Weinlokale zur Einkehr ein, aber auch wenn es für eine Verkostung vielleicht noch etwas früh am Tag ist, sollte man im Ort verweilen und die vielen engen Gassen und Fachwerkhäuser würdigen.

Unten im Dorf zweigt der Moselsteig in der Nähe der Brücke über den kleinen Großbach halb rechts nach Zell ab (Im Bungert). Rechts an der Straußenwirtschaft vorbei verlassen Sie Enkirch und wenden sich vor dem Weinberg nach links. Durch die Weinlage Steffensberg geht es nun an der Flanke des gleichnamigen Bergs bergan. Im Wald wird ein weiterer Taleinschnitt gekreuzt, bevor man wieder in den Weinberg recht steil zum Waldsaum aufsteigt. Nach abermaliger – der für heute letzten – Waldpassage überquert man etwa auf Höhe des Waldaustritts den 50. Breitengrad. Vorbei an einer kleinen **Weinbergkapelle (5)** folgt der Weg nun den ausgedehnten Rebflächen oberhalb von **Burg**. Am anderen Moselufer treten bizarre Felsen hervor, zwischen denen überall Weinstöcke stehen. Wer an der Mosel Weinbau betreibt, braucht körperliche Fitness und Nervenstärke. Diesseitig fällt auf, dass vor allem die höheren Lagen vermutlich wegen mangelnder Rentabilität aufgegeben wurden und man bangt innerlich um das Gesamtbild des Moseltals, denn es sind auch die weiten Weinfelder, die ihren Anteil an seiner Einzigartigkeit haben.

Kurz vor der Brücke hinüber nach **Reil (6)** folgt der unvermeidliche Abstieg, der durch die wunderschöne Moselfront des Etappenortes bereichert wird. Enge Gassen, stilvolle alte Fachwerkhäuser und urige Weinschenken versinnbildlichen die 1000-jährige Weinkultur des gemütlichen Moselortes.

14 Von Reil nach Zell

3.30 Std.
12,6 km

Eine Wanderung »zwischen« der Mosel

Die Etappe bietet in rascher Folge überwältigende Höhepunkte in Form fantastischer Aussichten. Vom Reiler Hals erblickt man neben der Marienburg die eindrucksvolle Trasse der Kanonenbahn, während man vom Prinzenkopfturm die Mosel sogar doppelt sieht – in gegenläufiger Richtung. Am Ende erwarten Sie pittoreske Häuser und Weinschenken in der Altstadt von Zell.

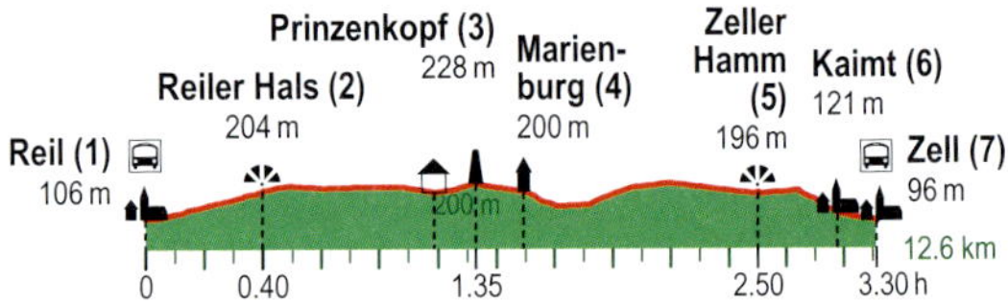

Ausgangspunkt: Reil. Erreichbarkeit: Busverbindung zum Bahnhof Bullay, mit dem Auto über die B 53 oder die Moselbrücke.
Endpunkt: Zell, Ortskern. Rückfahrt nach Reil per Bus.
Höhenunterschied: Aufstieg 250 m, Abstieg 260 m.
Anforderungen: Leicht. Moderate Höhendifferenzen und breite Wald- oder Weinbergwege machen die Etappe wenig beschwerlich.
Einkehr: Keine, Proviant mitnehmen.
Unterkunft: **Reil:** Siehe vorherige Etappe. – **Zell:** Hotel Zum Grünen Kranz, Balduinstr. 13, 56856 Zell-Mosel, Tel. +49 6542 98610, zumgruenenkranz.de; Hotel-Weinhaus Mayer, Balduinstraße 5–7, 56856 Zell, Tel. +49 6542 61169, hotel-weinhaus-mayer.de.
Information: **Reil:** Tourist-Information Reil, Hutgasse 16, 56861 Reil, Tel. +49 6542 21036, reil-mosel.de. – **Zell:** Siehe Folgeetappe.
Wanderkarte: Freizeitkarte Moselsteig (1:25.000), Karte 2: Trier – Zell.

Im Ortskern von **Reil (1)** folgen Sie der Kaiser- und dann der Kringstraße in nördlicher Richtung und erklimmen in den Weinbergen kreuzend in etwa 40 Min. den **Reiler Hals (2)**. Hier oben sollte man, auch wenn es kräftemäßig noch nicht erforderlich ist, eine Pause einplanen. Zwar hat sich der Ausblick – wie so häufig im Moseltal – während des Aufstiegs sukzessive eingestellt, aber erst hier oben kulminiert das Ensemble der Sehenswürdigkeiten zum Hochgenuss.
Für mich persönlich ist der Reiler Hals einer meiner Lieblingsplätze des Moselsteigs. Unweigerlich findet das Auge mit dem Prinzenkopfturm und der Marienburg Fixpunkte oberhalb des Prallhangs am Beginn der Zeller Hamm. Beide werden später noch passiert. Unterhalb erkennt man die waghalsig an den Hang gebaute Trasse der **Kanonenbahn**. Der Name er-

innert an die militärstrategische Bedeutung der Eisenbahnlinie Berlin–Metz im Deutsch-Französischen Krieg von 1870/71. Am Horizont schließlich zeigt sich der Kamm des Calmonts, des steilsten Weinbergs Europas. Wer es weniger gewaltig mag, blickt flussaufwärts, wo sich tribünenartig die Weinlagen von Reil und Burg gegenüberstehen. Der Reiler Hals selbst ist eine schmale Sattellage zwischen Mosel und Alfbachtal, die mit der Dreifaltigkeitskapelle und einem Bildstock gekrönt ist.
Der Moselsteig taucht nun in den Wald ein und folgt dem Kammweg zunächst bergan, um sich an der Weggabel links zu halten. Alfbachtalseitig zieht sich der Weg um die Kuppe herum, während der dichte Baumbewuchs nur selten Blicke zur Burg Arras erlaubt.

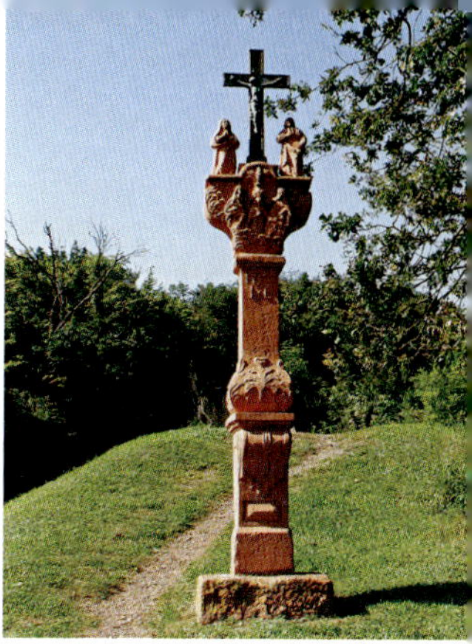

Wegkreuz am Reiler Hals.

Ein Abstecher zur eindrucksvollen Befestigungsanlage aus dem 12. Jahrhundert mit Besichtigungs- und Einkehrmöglichkeit (zusätzlich etwa 2,6 km) unternehmen Sie am besten über den Leofelsen. In diesem Fall biegen Sie an der Schutzhütte links ab.
Der gut beschilderte Moselsteig führt auf dem breiten Waldweg im Rechtsbogen zur Drieschhütte, wo wieder die Weinberge erreicht werden. Von hier aus kommt die Moselschleife um Pünderich voll zur Geltung.

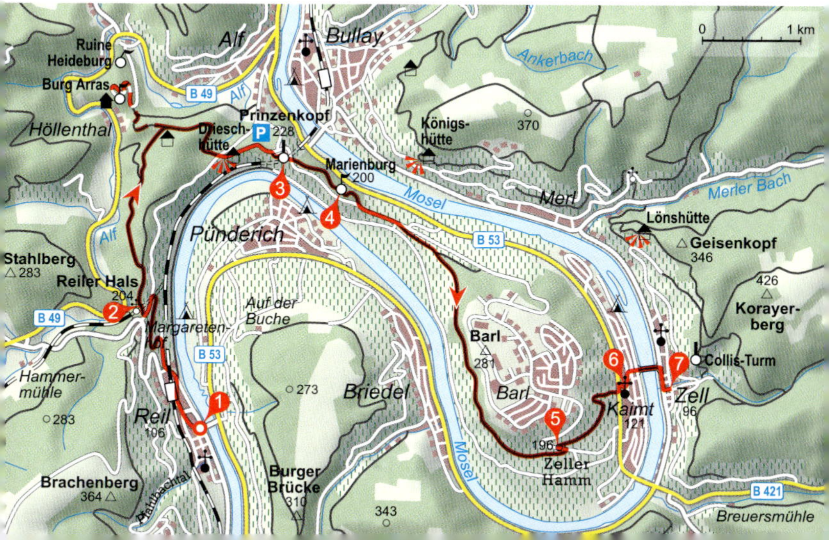

Zwischen Wein und Wald gelangen Sie nun vorbei am Ehrenmal zum Aussichtsturm auf dem **Prinzenkopf (3)**. Hier empfängt den Wanderer ein unbeschreibliches Panorama. Neben der märchenhaft in die Waldhügel eingebetteten Burg Arras im Rücken und der voraus liegenden gut sichtbaren Marienburg verwirrt der Lauf der Mosel, die den Flaschenhals der »Halbinsel« Barl beidseitig umspült. Während die Mosel auf ihrem Weg um die Zeller Hamm etwa elf Flusskilometer beschreibt, misst der Engpass auf Höhe der Marienburg gerade einmal 350 m. Würde man die Mosel einfach gewähren lassen, so würde sie in völliger Ignoranz landschaftlicher Schönheit auch heute noch am Durchbruch arbeiten.
Wer übrigens vom Prinzenkopfturm aus einen Gruß in die Welt senden möchte, kann sich von der auf der Aussichtsplattform montierten Webcam in Szene setzen lassen und dadurch seine Anwesenheit kurzzeitig im Internet dokumentieren. Kaum 800 m vom Prinzenkopf entfernt erreichen Sie die besonders schön gelegene **Marienburg (4)**, die nach wechselvoller Geschichte heute eine Jugendbildungsstätte des Bistums Trier beherbergt.

i ***Marienburg***

Die erstmalige Erwähnung der Marienburg als »Petruskirche auf dem Berg« datiert aus dem Jahr 920, wenngleich angenommen werden darf, dass es sich bei der von Äbtissin Adela von Pfalzel (um 650) gestifteten Kirche zu Kaimt auch schon um die Marienburg handelte. Im 12. Jahrhundert ließ der Abt von Springiersbach die Pfarrkirche zu einem Augustinerinnenkloster ausbauen, welches von Erzbischof Heinrich von Trier († 1286) stärker befestigt wurde. Während der Kirchenbau Ende des 15. Jahrhunderts einen neuen Chor und um 1510 eine neue Sakristei erhielt, wurde das Areal nach schweren Beschädigungen noch während des Dreißigjährigen Krieges in eine Befestigungsanlage umgebaut, die um 1700 im Barockstil restauriert wurde. Nach abermaliger Zerstörung wurde die Marienburg als Nationaldomäne von der französischen Regierung 1803 versteigert. Nach dem Zweiten Weltkrieg wurde sie vom Bistum Trier erworben.

Nachdem die Senke durchschritten und der abrupt einsetzende kräftige Aufstieg gemeistert ist, folgt das letzte Teilstück des Weges dem Fluss weit oberhalb auf seinem Weg um die **Zeller Hamm (5)**, nichts ahnend vom regen Treiben im Gewerbegebiet auf der ausgedehnten Kuppe. Der Blick senkt sich hingegen staunend über die Steillagen von Briedel, die die Winzer in früheren Zeiten vom Ort am anderen Ufer mit Kähnen erreichten. Briedeler Herzchen heißt die Lage und gründet sich der Legende nach auf die heilende Wirkung des Weins: Ein Mädchen verabreichte den guten Tropfen einem erkrankten Fährmann, der nach seiner Genesung das »Briedeler Herzchen« heiratete und zusammen mit ihr einen Knaben zeugte, den Nikolaus von Kues, der als Cusanus zu einer der berühmtesten Persönlichkeiten in der Geschichte des Moseltals wurde.

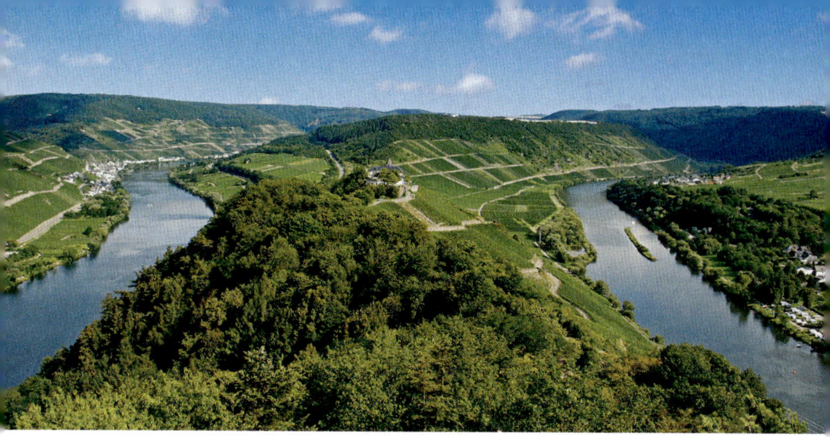

Blick vom Prinzenkopfturm auf die Marienburg.

Wer sich an Sonnentagen auf dem sich hinziehenden heißen Weinbergweg noch einmal mit der Frage beschäftigt, warum die Mosel den über 10 Kilometer langen Umweg wählte, findet die Antwort beim Abstieg nach Zell. Schon der Ortsteil **Kaimt (6)** hat mehr zu bieten als den Ausblick auf die Moselfront des Hauptortes, denn in den urigen Gassen reihen sich sehr schöne Fachwerkhäuser aneinander und spätestens von der Moselbrücke aus erkennt man schließlich die Vorzüge des stimmungsvollen Endpunktes der Wanderung. In den schattigen Gassen der Altstadt laden zahlreiche Weinlokale und stilvolle Restaurants zum genussvollen Verweilen ein. Auch kulturgeschichtlich interessierte Besucher kommen in **Zell (7)** auf ihre Kosten. Während der Mehrtageswanderer genießen kann, sollte derjenige, der per Bus zum Ausgangspunkt nach Reil zurückkehren möchte, die Uhr im Auge behalten.

***i* Zell**

Der Name Zell ist im Gegensatz zu den keltischen Namen der Vororte Merl und Kaimt lateinischen Ursprungs. Der lang gezogene Ort liegt am Zeller Hamm, der großen Flussschleife an der südlichen Untermosel, und ist wegen seiner teilweise gut erhaltenen historischen Altstadt bei Touristen überaus beliebt. Sehenswert sind das spätgotische Residenzschloss, die Synagoge oder die Reste der Stadtbefestigung mit dem »Runden Turm« und dem »Eckigen Turm«. In den verschiedenen Museen erhält man Einblicke in die Lokalgeschichte, das Brauchtum und den Weinbau. Von Zell aus können Schiffsfahrten unternommen werden.

Weinlagen: Nußberg, Burglay-Felsen, Petersborn Kabertchen, Pomerell, Kreuzlay, Domherrenberg; Großlage: Schwarze Katz.

15 Von Zell nach Neef

5.45 Std.
19,5 km

Von Schleife zu Schleife

Anspruchsvoll und aussichtsreich ist eine treffende Beschreibung dieser längeren Etappe. Nach herzhaftem Aufstieg aus Zell erreicht man den klassischen Aussichtspunkt am Collis-Turm, während auf der Höhe von Merl der prächtige Marienburgsattel das Bild beherrscht. Vor Neef kann die Tour abgekürzt werden, wodurch man sich aber des lohnenswerten Abstechers zum Petersberg samt Gipfelkreuz und Kapelle beraubt.

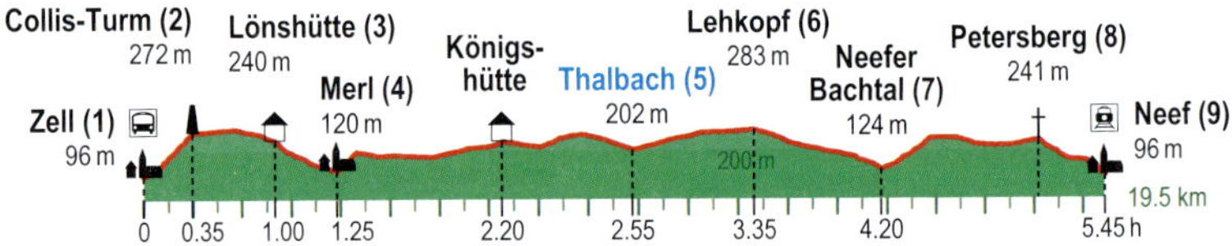

Ausgangspunkt: Zell, Ortsmitte. Erreichbarkeit: Busverbindung zu den Bahnhöfen Bullay und Wittlich, mit dem Auto über die B 53 oder die B 421.

Endpunkt: Neef, Ortskern. Rückfahrt nach Zell per Bahn und Bus möglich (Umstieg am Bahnhof Bullay).

Höhenunterschied: Auf- und Abstieg 620 m.

Anforderungen: Anspruchsvoll. Etappenlänge und ein ständiges Auf und Ab fordern eine gute Kondition. Die Wege sind dabei zumeist sehr bequem.

Einkehr: Merl; ausreichend Proviant mitnehmen.

Unterkunft: Zell: Siehe vorherige Etappe. – **Neef:** Gästehaus Mona Lisa, Moseluferstraße 13, 56858 Neef, Tel. +49 6542 969137, hausmonalisa.de; Weingut Amlinger & Sohn, Moseluferstr. 17, 56858 Neef / Mosel, Tel. +49 6542 2962, amlinger.de.

Information: Zell: Zeller Land Tourismus GmbH, Rathaus, Balduinstraße 44, 56856 Zell (Mosel), Tel. +49 6542 96220 oder +49 6542 19433, zellerland.de, zellmosel.de. – **Neef:** Siehe Folgeetappe.

Wanderkarte: Freizeitkarte Moselsteig (1:25.000), Karte 3: Zell – Koblenz.

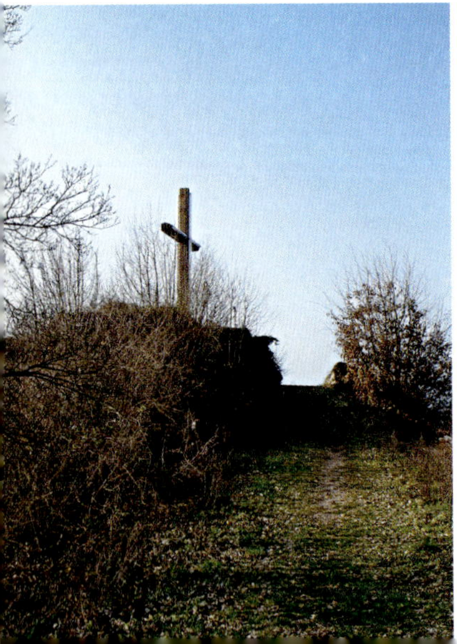

Petersberg.

Vom Marktplatz in **Zell (1)** erreicht man über Marktstraße und Cuxborn die Zeller Kehr, die extrem steil ansteigend in den Talausschnitt geleitet. Am nach links abzweigenden Weinbergsträßchen quert der Moselsteig den Zeller Bach und strebt fortan auf einem schmalen, felsigen Pfad unvermindert zum Collis-Turm empor. Wem das nicht reicht, dem steht sogar noch eine mit Trittbügeln und Seilen versehene Kletterpassage zur Verfügung, die den Wanderer gämsengleich über die Felsstufen leitet.

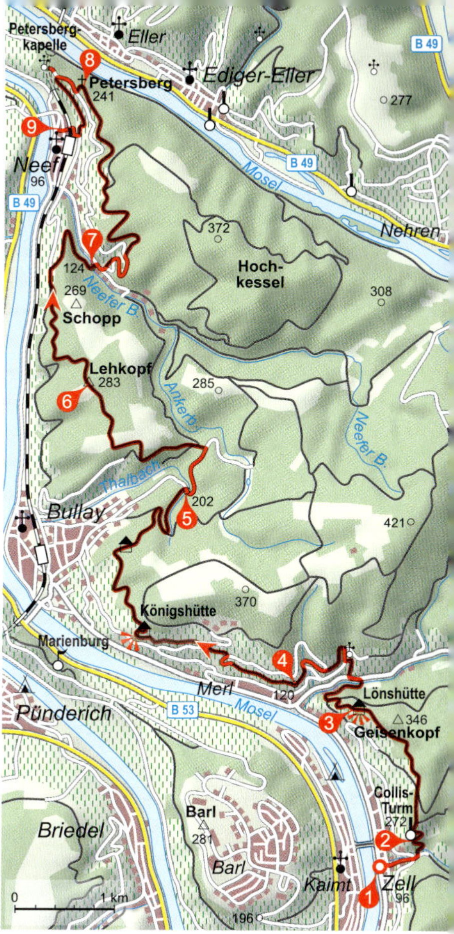

Nach einem knappen, wirklich anstrengenden Kilometer steht man dann endlich auf dem Aussichtsplateau am **Collis-Turm (2)** und genießt den wunderbaren Blick auf die Moselschleife bei Zell und die weiten Weinlagen der berühmten Schwarzen Katz. Der Name »Schwarze Katz« soll übrigens auf eine Begebenheit zurückgehen, die sich während einer Weinprobe Aachener Kaufleute ergab. Diese mussten sich nach ausgiebiger Probe für ein Fass entscheiden und sie wählten schließlich jenes, das massiv von einer schwarzen Katze verteidigt wurde.

Mit dem Verlassen des Collis-Turm-Areals stellt man überrascht fest, dass der Aufstieg doch noch nicht ganz geschafft ist, denn der Moselsteig schwingt sich weitere 50 Höhenmeter aufwärts. Diese gestalten sich im weiteren Verlauf aber wesentlich moderater als der Aufstieg zum Turm und führen darüber hinaus durch einen sehr schönen Mischwald. Der breite, bequeme Weg zieht sich an der Hangkante hin und erreicht dann schon wieder absteigend die höchsten Steilweinlagen. Nach etwa 2,6 km ab Zell passieren Sie in herrlicher Aussichtslage die **Lönshütte (3)**. Das enge Kerbtal deutet

die Ortschaft **Merl (4)** an, die man nach einem längeren Serpentinenabstieg über die Bergnase und einen Forstweg im hinteren Mühlental erreicht. Nur kurz folgt man der Landstraße zur Moselfront, um zwischen den ersten Häusern auf der rechten Seite in die Weinberge abzuzweigen. Wieder geht es bis zum Waldrand steil bergauf. Nach einer S-Kombination erfolgt nach der Kreuzwegkapelle erst auf dem oberen Hangweg die Kehrtwende, die den Wanderer an der Flanke talauswärts leitet.
Nach einem weiteren kurzen Taleinschnitt quert man auf mittlerer Höhe die weitläufigen Rebhänge von Merl.
Sofort sticht der romanische Turm ins Auge, der inmitten eines Friedhofs oberhalb des Ortes steht. Einst war er der Chorturm der Pfarrkirche St. Michael, und zwar vom 12. Jahrhundert bis 1803. Da verfügte Napoleon, dass fortan die Kirche des Minoritenklosters zu nutzen sei. St. Michael verfiel und wurde abgerissen, bis auf den Turm. In der fast unversehrt erhaltenen einschiffigen, frühgotischen Klosterkirche des angesprochenen ehemaligen Minoritenklosters kann im Übrigen einer der schönsten Antwerpener Schnitzaltäre des 15. Jahrhunderts besichtigt werden.
Der Moselsteig führt indes voraus zu einem zugewachsenen Hangstück, wo er scharf rechts abknickt und nach wenigen Metern auf einem Steilpfad die Königshütte erreicht. Im Zentrum des tollen Ausblicks steht hier ganz ohne Frage der unmittelbar gegenüberliegende Marienburgsattel (siehe Etappe 14).
Nach wohlverdienter Rast erobert der Moselsteig den Waldsaum, dem er linker Hand folgt. In wildem Auf und Ab zieht sich der Weg in den weiten Geländeeinschnitt des Thalbachs zurück, jedoch nicht ohne zuvor über die Weinbergflanke einen Blick auf Alf, Bullay und die interessante Brückenverbindung zwischen den Orten zu ermöglichen. Die Stahlkonstruktion ist deshalb etwas Besonderes, weil sich Eisenbahn- und Autoverkehr im Doppelstockverfahren überlagern. Während Bullay vor allem mit seinem neuen Umweltbahnhof zu imponieren weiß, verdankt Alf seine Bekanntheit der auf einem Hügel hinter dem Ort gelegenen Burg Arras. Der Ort an der Mündung der Alf war schon in vorrömischer Zeit als Siedlungsplatz bei den Kelten beliebt. Auf dem Vorplatz der neugotischen Basilika St. Remigius verdient die Statue »Christus in der Rast« aus dem 15. Jahrhundert besondere Beachtung.
Kaum wieder von Wald umgeben wendet sich der Moselsteig scharf rechts und gelangt wenig später auf schmalem Pfad zu einer weiteren Schutzhütte mit Blick in den stark bewaldeten Grund des **Thalbachs (5)**, in den sich die Wohnquartiere Bullays hineingefressen haben. Der Weg folgt dem Taleinschnitt, wobei er zwischen Pfaden und Forstwegen wechselnd zwei Spitzkehren meistert. Achten Sie in diesem Bereich bitte genau auf die Wegzeichen. Nach der zweiten Kehrtwende folgt der Moselsteig einem kleinen Bachlauf und überquert in der Senke einen zweiten. Leicht ansteigend wird

das parabelförmige Tal ausgeschritten, um auf der anderen Seite an der Weggabel rechts Kurs auf die Felder oberhalb der Hangkante zu nehmen. Oben hält man sich am Feldrain links und wendet sich am Waldrand wieder nach rechts. Bald schon geht es durch die schattigen Laubwälder des **Lehkopfs (6)**. Vorbei an einer wegen eines Blitzeinschlages markanten Eiche senkt sich der Weg rapide ab und erreicht nach schönen Ausblicken auf St. Aldegund nach gut 2,3 km das **Neefer Bachtal (7)**. Der Gegenanstieg erwartet Sie dann ca. 60 m taleinwärts. Noch einmal verlangt der Moselsteig gute Kondition, denn rücksichtslos erobert er den höchstgelegenen Querweg und folgt fortan der Hangkante.

Vom Waldsaum aus ergeben sich oberhalb von Neef herrliche Talblicke, die allerdings bald schon von den Aussichten am Gipfelkreuz des **Petersberges (8)** getoppt werden. Ein weiteres Mal auf dem Moselsteig ist der Fluss wegen der Landzungenlage des Standortes zweimal zu sehen, links und rechts. Besonders beeindruckend von hier aus ist aber die Wand des Calmont, der zentrales Thema der folgenden Etappe sein wird. Unterhalb führt in der Spitzkehre ein Weg zur nahen Petersbergkapelle, bevor Sie ein Panoramaweg durch die Weinberge auf die Höhe von **Neef (9)** bringt, wo Sie quasi von oben in Ihren Etappenort einfallen.

Der Collis-Turm oberhalb von Zell.

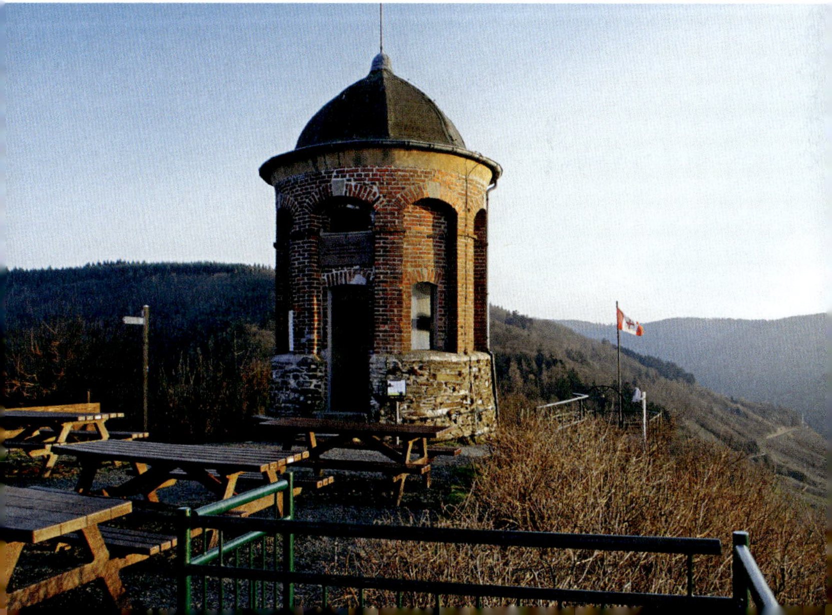

16 Von Neef nach Ediger-Eller

2.45 Std.
8,3 km

Über den steilsten Weinberg Europas

Mit »kurz, aber heftig« könnte man diese eindrucksvolle Wanderung beschreiben, denn die Auf- und Abstieg haben es durchaus in sich. Dazwischen folgt man dem Kammweg über dem steilsten Weinberg Europas. Unterhalb betreiben schwindelfreie Winzer auf dem bis zu 68 Grad geneigten Untergrund aus mineralischem Schiefer mit Quarzit und Sandstein tatsächlich Weinbau. Zwei markante Aussichtsstellen bilden dabei die Fixpunkte mit berühmten Moselblicken auf die Flussschleife bei Bremm und mit der Klosterruine Stuben.

Ausgangspunkt: Neef, Ortsmitte. Erreichbarkeit: Busverbindung zum Bahnhof Bullay, mit dem Auto über die B 49 und die K 41.
Endpunkt: Ediger-Eller, Ortskern. Rückfahrt nach Zell per Bus bzw. Bus und Regionalbahn ab Bullay.
Höhenunterschied: Auf- und Abstieg 300 m.
Anforderungen: Mittel. Eine kurze, knackige Tour mit einem lang gezogenen Aufstieg zum Calmont-Gipfel sowie einem Steilabstieg über einen schmalen Schieferpfad, der Trittsicherheit erfordert.
Einkehr: Schenke am Calmont-Gipfelkreuz, Ostern–Okt. Samstag, Sonn- und Feiertagen jeweils ab 10.00 Uhr geöffnet.
Unterkunft: Neef: Siehe vorherige Etappe. – **Ediger-Eller:** Mosel-Landhaus Hotel Oster, Moselweinstraße 61, 56814 Ediger-Eller, Tel. +49 2675 232, hotel-oster.de; Hotel-Weingut Café Moselterrasse, Moselweinstraße 59, 56814 Ediger-Eller, Tel. +49 2675 278, moselterrasse.de.
Information: Neef: Tourist Information Neef, Moseluferstr. 23, 56858 Neef, Tel. +49 6542 1814055, neefmosel.de. – **Ediger-Eller:** Siehe Folgeetappe.
Wanderkarte: Freizeitkarte Moselsteig (1:25.000), Karte 3: Zell – Koblenz.

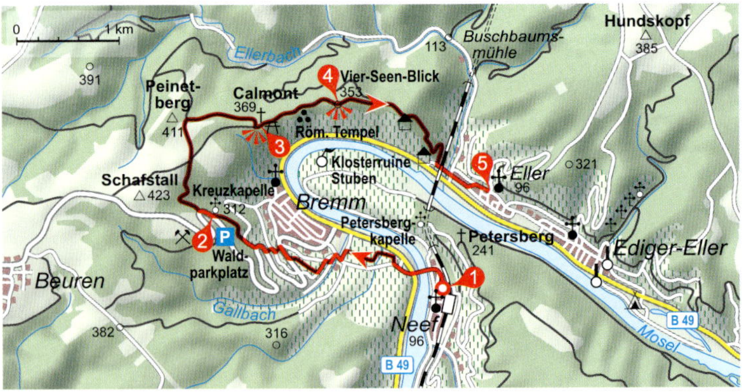

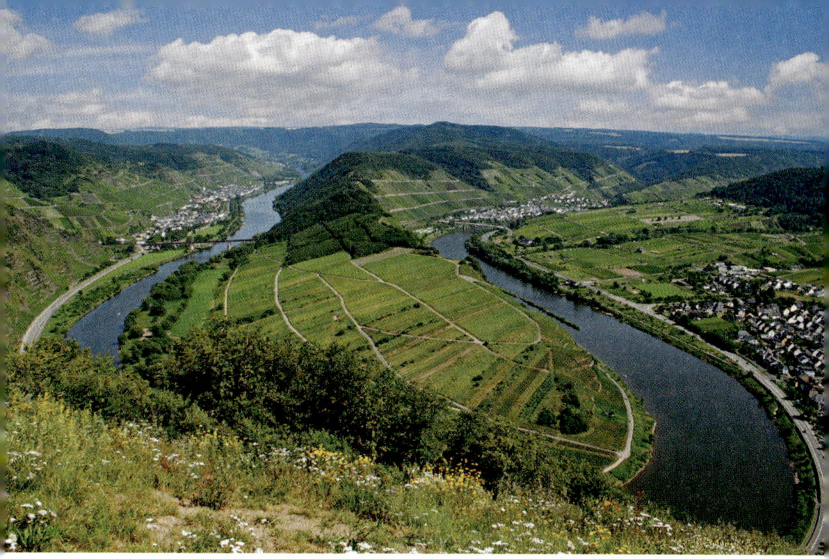

Blick vom Gipfelpunkt auf die Moselschleife bei Bremm.

Sie ist mit nur 7,9 km die mit Abstand kürzeste Etappe des Moselsteigs und die Distanz zwischen dem Startpunkt in **Neef (1)** und dem Endpunkt in Ediger-Eller beträgt gerade einmal 1 km. Aber wenn sich einem ein Bremmer Calmont in den Weg stellt, sieht die Sache schon anders aus.
Aus dem Ortskern des beschaulichen Neef folgt der Moselsteig der Landstraße über die Moselbrücke und umläuft am anderen Ufer abzweigend eine Kläranlage. Während man Felder und Obstbäume passiert, fällt der Blick unweigerlich auf die felsige Wand des Calmont.
Hoch aufragend und majestätisch überragt er wie ein überdimensionaler Hohlspiegel die Moselschleife, die sich haarnadelförmig in die Landschaft schmiegt. Noch ist vom bevorstehenden Aufstieg nichts zu spüren. Im Gegenteil, die Szenerie wirkt überaus lieblich und für den mehrtägigen Moselsteigwanderer beginnt der Tag mit einer ungewohnten Flachstrecke. Ein

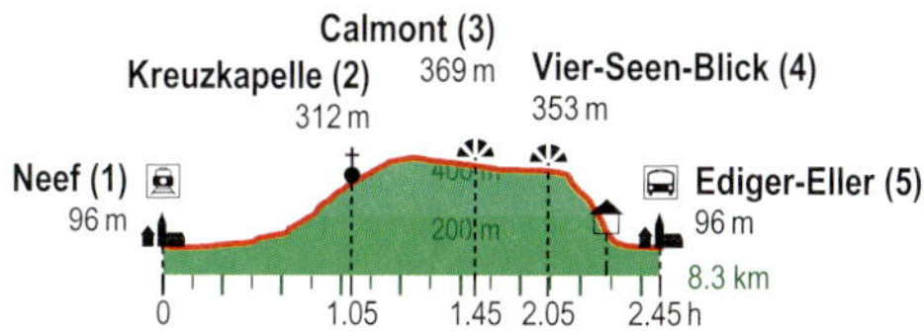

kleiner Bachlauf wird überquert und wer zur richtigen Jahreszeit hier ist, kann sich an duftenden und blühenden Pfirsichbäumen erfreuen oder sogar die reifen Früchte bewundern. Der Weinbergpfirsich oder auch Weingartenpfirsich, der im Moseltal prächtig gedeiht, ist gegenüber dem normalen Pfirsich aromatischer, dafür aber weniger süß.

Im Zickzack zieht sich der Weg zwischen Feldergrenzen bis an die ersten Häuser von **Bremm** heran, um am Wohnmobil-Stellplatz vorbei ganz allmählich den Aufstieg einzuleiten. Zwischen Weinreben und Brachflächen wechselnd trifft man auf die Landstraße, der man rechter Hand etwa 70 m folgt. Buschwerk und niederer Wald flankieren jetzt schon den Pfad, der bald zu einem Kreuzweg mutiert. Eine U-förmige Kurve der ebenfalls ansteigenden Straße tangierend folgen Sie dem Kreuzweg unerbittlich bergan. Wenn man die **Kreuzkapelle (2)** erreicht, ist man schon fast über den Berg. Kurzzeitig begleitet Sie wieder die Landstraße bis zur nächsten Spitzkehre, wo der Moselsteig auf einem bequemen Waldweg der natürlichen Formation des urwüchsigen Kandelbachtals folgt. An der gerodeten Kuppe des Schneebergs geht es noch ein Stück geradeaus, bis man im Gipfelbereich des Peinetbergs rechtwinklig rechts abbiegt. Von hier aus führt Sie der Moselsteig durch einen dunklen Tann zum Gipfelkreuz des **Calmont (3)**, wo an Wochenenden und Feiertagen ein Ausschank betrieben wird. Die phänomenale Aussicht ist davon unabhängig, nicht aber vom Wetter. Frühmorgens kann Talnebel jedoch ebenso faszinieren wie eine schräg stehende Sonne an klaren Wintertagen.

Zugegebenermaßen am schönsten ist es aber an einem strahlenden Sommer- oder Herbsttag, wenn sattgrünes oder gelbes Weinlaub die Rebflächen der Landzunge bedeckt und eine azurblaue Mosel eindrucksvoll kontrastiert. Die Schleife ist eng und weit folgt das Auge insbesondere dem linken Arm flussabwärts.

Unterhalb des Aussichtsplatzes quert ein ganz besonderer Pfad die Wand und führt den abenteuerlustigen Moselreisenden auf felsigem Grund von Ediger-Eller nach Bremm. Trotz Seilsicherungen und Leiterpassagen erfordert der mittlerweile berühmt-berüchtigte Calmont-Klettersteig Trittsicherheit und Schwindelfreiheit. Dafür bietet er aber auch ein unvergessliches Wandererlebnis. Es sei noch angemerkt, dass bei feuchter Witterung erhöhte Vorsicht geboten

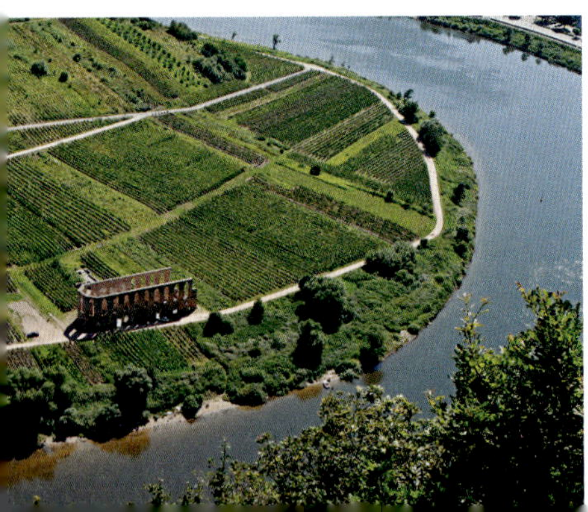

Die Klosterruine Stuben vom Vier-Seen-Blick.

ist und die Wand an heißen Sommertagen einem Glutofen gleicht, denn nicht umsonst heißt der Berg aus dem Lateinischen übersetzt »Warmer Berg«.
Der Moselsteig ist weit weniger extrem und gönnt sich den Gipfelweg hinter der Hangkante. Die starke Bewaldung lässt leider nur sporadisch Talblicke zu, aber die wenigen Stellen exponieren sich deshalb vielleicht umso mehr. Der nächste vom Gipfelkreuz aus kann sogar mit dem originalen Nachbau eines römischen Tempels aufwarten, während vom sogenannten **Vier-Seen-Blick (4)** 500 m weiter gleich mehrere Moselschleifen auf einmal zu erkennen sind. Was dem offiziellen Aussichtsplateau verborgen bleibt, offenbart sich dem Wanderer knapp 20 m unterhalb: Von einem Felsvorsprung kann man die Klosterruine Stuben am anderen Moselufer sehen. Eine kleine Kraxelei, die sich ganz bestimmt lohnt!

***i* Klosterruine Stuben**

Die Klosterruine Stuben liegt an der Moselschleife bei Bremm und ist von Neef über einen Asphaltweg nach ca. 2,5 km erreichbar. Im Jahre 1137 wurde hier ein Augustinerkloster gegründet, das 1789 in ein Damenstift umgewandelt wurde. Bis 1794 beherbergte das Kloster Stuben ein byzantinisches Kreuzreliquiar, das Kreuzritter 1204 in Konstantinopel raubten (heute Bestandteil des Limburger Domschatzes). Die vom Vier-Seen-Blick und vom Calmont-Gipfelkreuz aus sichtbaren Außenmauern der Anlage stammen von 1687, als es zu einem Neubau der Kirche kam.

Nach etwa weiteren 300 m auf dem Kammweg über den Calmont erreicht man den letzten Premiumplatz vor dem Abstieg; die Schutzhütte an der Hangkante ist ein idealer Platz für eine längere Rast.
Knapp 50 m von der Hütte entfernt beginnt der Steilabstieg auf einem rechter Hand abknickenden Pfad. Der Moselsteig folgt in fast gerader Linie dem Berggrat. Furchteinflößenderweise passieren Sie weiter unten den Abzweig zur »Todesangst«, einem schroffen Aussichtsfelsen auf der oberen Klettersteigroute. Der Name stammt aus jener Zeit, als Moselhochwasser die Bremmer Bürger zwangen, diesen Weg zur Bahn nach Eller zu nehmen, wodurch sie just an dieser Stelle eine Mutprobe zu bestehen hatten.
Aber auch der Moselsteig macht seinem Name alle Ehre, denn die Steilheit des Berges und der felsige Untergrund erzwingen enge Kehren und teilweise sogar Seilsicherungen. An der Schutzhütte **Galgenlay** passieren Sie den unteren Einstieg zum Calmont-Klettersteig. Der Rest ist Formsache, denn nach der kurzen Fortsetzung des Abstiegs folgen Sie den Gleisen talauswärts und erreichen zusammen mit der Straße Ihr Etappenziel, den Doppelort **Ediger-Eller (5)**. Da der Moselsteig in seinem weiteren Verlauf oberhalb um Ediger herumführt, empfehle ich, das Nachtquartier in Eller zu buchen. Zur Petersbergkapelle am anderen Moselufer emporblickend, wird klar, dass sich der Ausgangsort Neef unmittelbar hinter der Bergkuppe befindet – verwirrende Mosel.

17 Von Ediger-Eller nach Beilstein

4.30 Std.
17,4 km

Ein Besuch beim Dornröschen der Mosel

Der Großteil des Weges steht ganz eindeutig im Zeichen des Weinbaus, der sich dem Wanderer auf breiten, sonnigen Wegen aussichtsreich präsentiert. In der sogenannten Briederner Schweiz wird es dann aber urwüchsig und körperlich anspruchsvoll, während Sie am Ende mit der Burg Metternich und dem pittoresken Beilstein noch zwei echte Highlights erwarten.

Ausgangspunkt: Ediger-Eller. Erreichbarkeit: Mit der Regionalbahn ab Koblenz, mit dem Auto über die B 49.
Endpunkt: Beilstein, Ortskern. Rückfahrt nach Ediger-Eller per Fähre und Bus.
Höhenunterschied: Auf- und Abstieg 330 m.
Anforderungen: Mittel. Gut ausgebaute Wege am Anfang und ein schmaler Pfad durch die Briederner Schweiz geben der Tour zwei Gesichter. Verlangt werden gegebenenfalls Sonnenschutz am Beginn der Tour und in jedem Fall Trittsicherheit am Ende.
Einkehr: Senheim, Briedern, Burg Metternich.
Unterkunft: **Ediger-Eller:** Siehe vorherige Etappe. – **Beilstein:** Hotel »Haus Burg Metternich«, Moselstraße 2, 56814 Beilstein, Tel. +49 170 7900808, hotel-burg-metternich.eu; Hotel Café Klapperburg, Bachstraße 33, 6814 Beilstein, Tel. +49 2673 1417, klapperburg.de.
Information: **Ediger-Eller:** Tourist-Information Calmont Region Ediger-Eller, Pelzerstraße 1, 56814 Ediger-Eller, Tel. +49 2675 1344, ediger-eller.de. – **Beilstein:** Siehe Folgeetappe.
Wanderkarte: Freizeitkarte Moselsteig (1:25.000), Karte 3: Zell – Koblenz.

Mosel bei Senhals / Senheim.

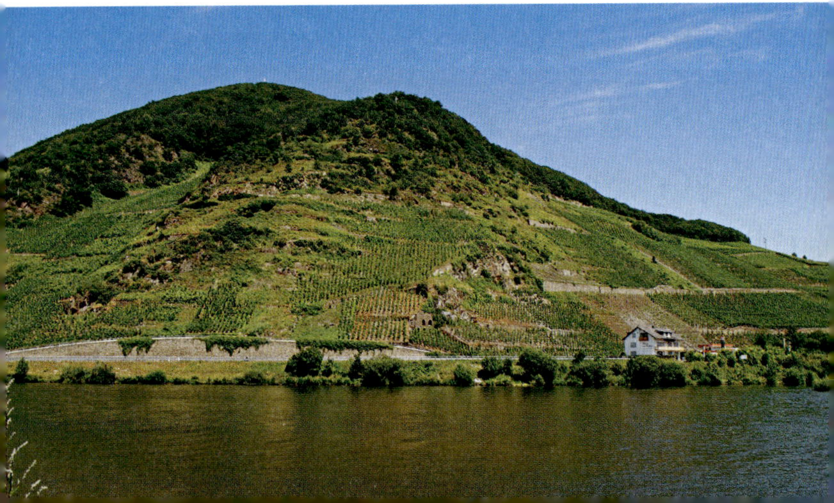

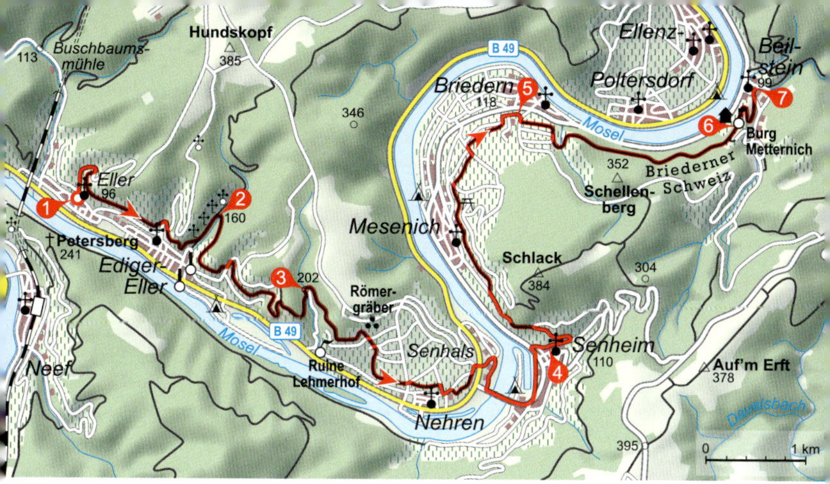

Aus dem Netz der engen Gassen von **Eller (1)** nimmt der Moselsteig der Bachstraße folgend den ersten steilen Anstieg des Tages in Angriff. Dabei passieren Sie in rascher Folge gleich drei sakrale Bauten, welche die religiöse Vergangenheit des Moseltals eindrucksvoll belegen. Neben dem alten Brunnen befindet sich ein überdachtes Kruzifix von 1733, auf das die Rochuskapelle folgt. In ihrem Inneren beherbergt sie einen um 1500 errichteten gotischen Chor sowie ein atemberaubendes Fresko. Gegenüber steht die romanische Kirche, die dem hl. Hilarius von Poiters gewidmet ist. Diese wurde im Jahre 1718 barockisiert, nachdem sie bereits um 1500 mit gotischem Turmhelm versehen wurde. Nicht minder beeindruckend ist aber auch die Art, wie sich die Häuser in den engen, aufstrebenden Talausschnitt hineinzusaugen scheinen. Mit zunehmender Höhe verdichtet sich dieser Eindruck förmlich.
Nachdem Sie den ersten Abzweig rechts zu Recht missachtet haben, nehmen Sie nach dem Wegbogen die spitzwinklig abknickende Schotterpiste. Sie entpuppt sich als Panoramaweg, der die Weinberge der Ellerer Höll auf halber Höhe durchschneidet, mit herrlichen Blicken auf Ediger-Eller und die Petersbergkapelle am Hang gegenüber.
Auch der Ortsteil Ediger wird – die Weinlage »Osterlämmchen« nutzend – oberhalb umlaufen. Aus dem Meer der Schieferdächer ragt dabei der reich

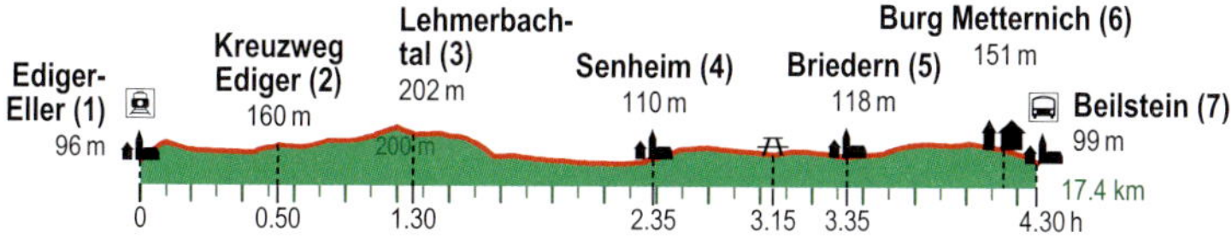

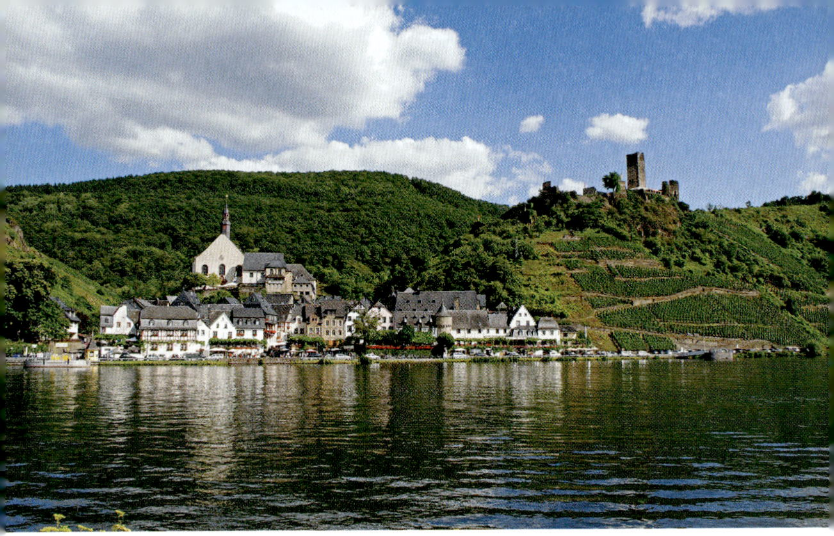

Beilstein.

verzierte Kirchturmhelm der Pfarrkirche St. Martin heraus. Der über 50 m hohe Glockenturm ist ein Musterbeispiel spätgotischer Formensprache.
Der zweite Taleinschnitt, auf Höhe von Ediger, erweist sich nun als hartnäckiger und zieht den Moselsteig, einem alten **Kreuzweg (2)** aufwärts folgend, in seinen bewaldeten Grund.
Nach Querung des Bachlaufs nach etwa 600 m entlässt uns das Tal auf der anderen Seite. Sobald eine ausreichende Sonnenbestrahlung gewährleistet ist, setzen Rebfelder ein, die sich zusammen mit dem Moselsteig um den **Pfaffenberg** herumziehen. Dabei geht es keineswegs eben zu. Die kleineren und größeren Taleinschnitte sind für den Wanderer mit mehr oder minder kurzen anstrengenden Anstiegen verbunden. Allmählich gewinnt der gut markierte Moselsteig aber auch im Mittel an Höhe, um weit oben den **Lehmerbach (3)** in seinem mit dünnen Laubbäumen eng bestandenen Kerbtal zu kreuzen. Kurz nach Verlassen des Waldes erkennt man oberhalb des Weges die Nachbildung römischer Grabtempelanlagen, bevor der Moselsteig rechts abknickend in Falllinie talwärts schießt.
Knapp 100 Höhenmeter unterhalb beruhigt sich der Weg und man wandert oberhalb von Nehren Richtung Senhals, wo man die Moselseite wechselt. Vorbei am schmucken Jachthafen erreicht man **Senheim (4)**, wo sich eine Einkehr anbietet.
Der Moselsteig strebt nun an der linken Talflanke empor. In weitem Bogen folgt er zunächst dem Ort taleinwärts, um sich auf Höhe der letzten Häuser

mit einer Spitzkehre wieder der Mosel zuzuwenden. An der Kreuzung geht es geradeaus, damit man den höher gelegenen Weinbergweg erreicht, mit dem es gelingt, die Felsnase zu umrunden. Neben den schönen Ausblicken bekommt man einmal mehr ein Gefühl dafür, was Steillagenweinbau bedeutet. Der Wanderer hingegen bekommt eine Atempause, denn ohne merkliche Höhendifferenzen gelangt man in den Gleithang an der Moselschleife zwischen Mesenich und Briedern. Am Ortsrand von **Briedern (5)**, an dessen Moselfront eine Einkehr möglich ist, umgeht man das stillgelegte Areal der einstmals recht bekannten Keller-Geister-Kellerei. In gerader Linie werden nun Weinfelder durchschritten, bevor mit einem Anstieg ein weiterer üppig bewachsener Taleinschnitt gemeistert wird. Man befindet sich damit in der sogenannten **Briederner Schweiz** und sofort wird klar, was das bedeutet. Ein schmaler Pfad zieht sich in wildem Auf und Ab an der dicht bewaldeten Steilflanke entlang. Trittsicherheit ist erforderlich! Wie schon zuvor ergeben sich aber hier und da auch schöne Ausblicke.
Über den Bergrücken gelangt der Moselsteig schließlich zur **Burg Metternich (6)**, wo man bei Kaffee und Kuchen die Aussicht auf Beilstein genießen sollte. Die Burg, die – wie alte Stiche beweisen – einst bis ans Flussufer hinunterreichte, wurde im Jahre 1268 erstmals urkundlich erwähnt. Wegen der Besetzung durch schwedische und spanische Truppen überstand die Burg den Dreißigjährigen Krieg weitestgehend unbeschadet. Zerstört wurde sie erst im Pfälzer Erbfolgekrieg 1689 durch französische Truppen.
Folgt man dem Felssporn ein kleines Stück taleinwärts, so trifft man linker Hand auf einen Pfad, der nach **Beilstein (7)** hinunterführt, das sogenannte Dornröschen der Mosel. Sie werden entdecken, warum dieser Beiname durchaus Sinn macht.

i Beilstein

Mit nur 150 Einwohnern ist Beilstein selbst für Moselverhältnisse ein winziges Winzerdorf, doch in der als Gesamtensemble unter Denkmalschutz stehenden Altstadt tummeln sich in den Sommermonaten zigmal so viele Menschen. Wegen der zahlreichen historischen Bauten gilt der Ort als Inbegriff der Moselromantik. Auf jeden Fall sollte man am 1322 gestalteten Marktplatz das ehemalige Zehnthaus, die Pfarrkirche St. Christophorus und den Metternicher Hof von 1727 in Augenschein nehmen. Ebenso lohnt sich der Abstecher zur Burg Metternich, der 1689 von den Franzosen gesprengten ehemaligen Reichsfeste. Ein weiteres Wahrzeichen Beilsteins bildet das ehemalige Karmeliterkloster (1636–1803), deren Klosterkirche ab 1691 errichtet wurde. Im Inneren der barocken Kirche ist die »Wunderbare Schwarze Madonna« zu besichtigen, eine Statue aus dem 12./13. Jahrhundert, welche von den Spaniern nach Beendigung des Dreißigjährigen Krieges in Beilstein zurückgelassen wurde.
Weinlagen: Schlossberg, Silberberg.

18 Von Beilstein nach Cochem

3.45 Std.
13,2 km

Steile Pfade und eine prächtige Burg

Die teilweise schmalen und steilen Pfade sowie ein mächtiger Anstieg hinter Bruttig-Fankel lassen die Tour trotz ihrer Kürze anspruchsvoll erscheinen. Es sind aber gerade die aussichtsreichen Steilhangpassagen, die ein unvergleichliches Naturerlebnis garantieren. Als Krönung des Weges erhebt sich gegenüber der Brauselay und hoch über Cochem die imposante Reichsburg.

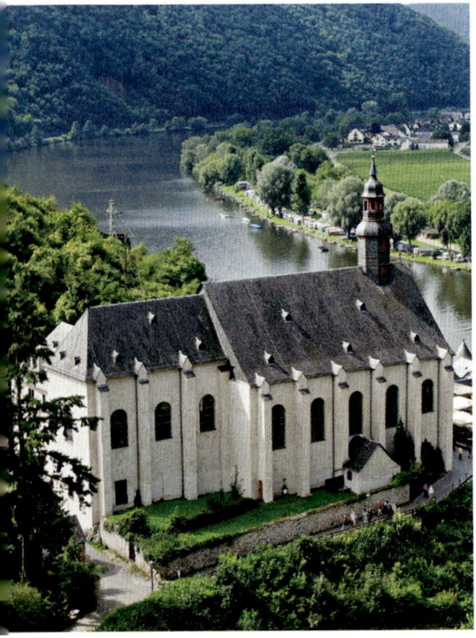

Ehemaliges Karmeliterkloster Beilstein.

Ausgangspunkt: Beilstein. Erreichbarkeit per Bus und Fähre ab Busbahnhof Cochem, per Auto über die B 49 und die Autofähre oder die L 98.
Endpunkt: Cochem, Ortskern. Rückfahrt nach Beilstein per Bus und Fähre ab Busbahnhof Cochem.
Höhenunterschied: Aufstieg 340 m, Abstieg 350 m.
Anforderungen: Anspruchsvolle Etappe. Schmale Pfadpassagen an der Hangkante erfordern eine erhöhte Trittsicherheit und ein gewisses Maß an Schwindelfreiheit.
Einkehr: Bruttig-Fankel.
Unterkunft: Beilstein: Siehe vorherige Etappe. – **Cochem:** Hotel Karl Müller, Moselpromenade 9, 56812 Cochem, Tel. +49 2671 1333, hotel-karl-mueller.de; Hotel Cochemer Jung, Moselpromenade 2, 56812 Cochem, Tel. +49 2671 605220, cochemer-jung.de.
Information: Beilstein: Heimat & Verkehrsverein, Bachstraße 47, 56814 Beilstein, Tel. +49 2673 900191, beilstein-mosel.de. – **Cochem:** Siehe Folgeetappe.
Wanderkarte: Freizeitkarte Moselsteig (1:25.000), Karte 3: Zell – Koblenz.

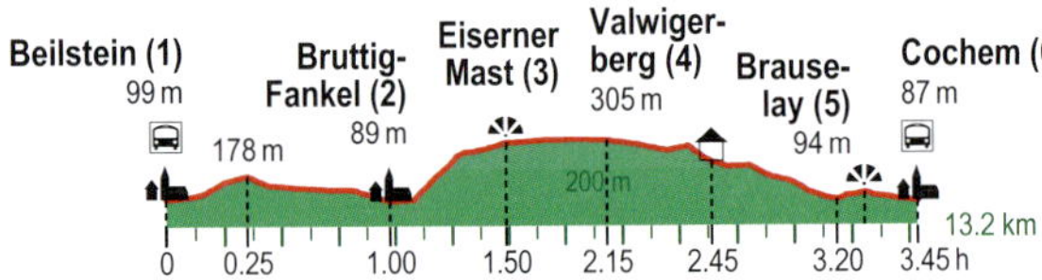

Von der Ortsmitte von **Beilstein (1)** stößt man zur Moselfront vor, quert die »Alte Wehrstraße« und schwenkt auf Höhe des Parkplatzes in beinahe gerader Linie ansteigend in den Weinberg ein. Am ersten Querweg wendet sich der Moselsteig nach links und gelangt nach kurzem Abstieg zur Hangflanke. In der Rückschau zeigen sich Fachwerk, Schieferdächer, Karmeliterkloster und Burg noch einmal von ihrer besten Seite. Nach wenigen Metern wird der Weg sehr schmal und ein Hinweisschild begrüßt Sie auf dem **Erlebnispfad Moselkrampen**.

Auf dem nächsten Kilometer ist Trittsicherheit erforderlich und Schwindelfreiheit von Vorteil, denn der Weg verläuft unmittelbar am Steilhang. Dabei geht es äußerst naturnah und aussichtsreich zu. Sie queren einen kleinen Steillagenweinberg, passieren schroffes Felsgestein und einen lichten Hangwald, wobei besonders riskante Stellen mit Seilen gesichert sind. Selbst der am Weg liegende Rastplatz scheint sich mit der Natur verbunden zu haben. Gerne könnte es noch ein Stück so weitergehen, aber die Zivilisation fordert ihr Recht und so treffen Sie bald auf ein engmaschiges Netz von Weinbergwegen. In prächtiger Aussichtslage auf Ellenz-Poltersdorf am Fuß des Gleithangs auf der anderen Uferseite mäandert der Moselsteig Richtung Bruttig-Fankel, um letztlich in einigem Abstand einem parallel zur Moselfront verlaufenden Weg zu folgen. Eine Kreisstraße ist zu queren, wozu eine hohe Böschung zu erklimmen ist. Der Abstieg ins Dorf erfolgt schließlich am nördlichen Ortsrand von **Bruttig-Fankel (2)** zusammen mit dem Mühlenbach.

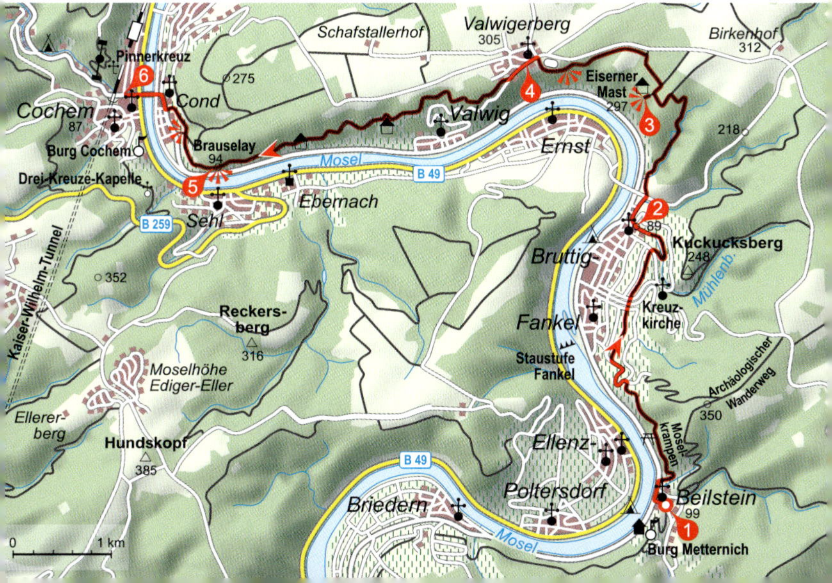

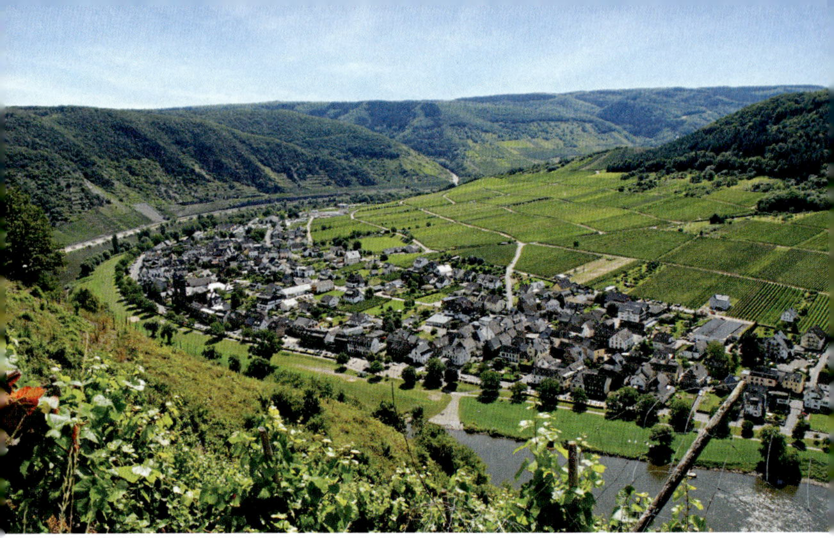

Blick auf die Moselschleife bei Ernst.

Bruttig-Fankeler Eisenbahngeschichte

Eine ins Auge fallende Besonderheit von Bruttig-Fankel ist die gemauerte Trasse, die sich schnurgerade durch den Ort zieht. Sie hält im wahrsten Wortsinn die nie eingelöste Eisenbahngeschichte des Ortes in Erinnerung. 1915 begannen Bauarbeiten an einer neuen Moseltalstrecke, welche die bestehende Verbindung zwischen Trier und Koblenz entlasten sollte. In diesem Zuge grub man einen Tunnel zwischen Treis und Bruttig, der 1923 fertiggestellt wurde. Daran anschließend errichtete man einen Bahndamm durch die Doppelgemeinde Bruttig-Fankel. Letztlich verhinderten die Bedingungen des Vertrags von Versailles Weiterbau und Inbetriebnahme der Strecke, wozu man sich offenbar auch später nicht mehr aufraffen konnte.

Der Moselsteig folgt rechter Hand der Trasse, überquert die Landstraße und begibt sich knapp 200 m dahinter auf ein neuerliches »Himmelfahrtskommando«. Auf den folgenden 1,2 km werden 210 Höhenmeter überwunden. Das Teilstück ist anstrengend und kurzweilig zugleich, denn ein Bachlauf begleitet den von Haselnusssträuchern, Buchsbäumen und moosigen Felsen flankierten Weg.
Auf dem Bergplateau biegt der Weg spitzwinklig nach links ab und führt gut markiert zum Aussichtspunkt **»Eiserner Mast« (3)** nebst Schutzhütte, der etwa 100 m abseits des Moselsteigs liegt. Dieser Abstecher lohnt wegen der phänomenalen Aussicht auf die Moselschleife bei Ernst.

Ohne große Höhendifferenz zieht sich der Moselsteig am Hangbogen entlang, wobei er zunächst die Landstraße, einen weiteren Premiumausblick und knapp 500 m später das Höhendorf **Valwigerberg (4)** tangiert.
Kurzzeitig geht es neben der Straße her, doch am Ortsende schlägt sich der Moselsteig wieder rechter Hand in den Wald, um der Hangkante zuzustreben. Hier erwarten den Wanderer tolle, mit Bänken bestückte Aussichtsplätze. Hinter der hölzernen Schutzhütte geht es deutlich bergab. Auf der anderen Moselseite kommt das Kloster Ebernach im Cochemer Ortsteil Sehl ins Blickfeld. An der steinernen Schutzhütte erfährt man, dass die erste urkundliche Erwähnung auf das Jahr 1130 datiert wird und das Kloster Ebernach seit 1887 Wohnort für Menschen mit Krankheiten und Behinderungen ist.
Das letzte Teilstück auf dem Weg nach Cochem präsentiert sich nun noch einmal wild und urwüchsig. Der schmale Pfad windet sich um die schroffen Felsen der **Brauselay (5)**. Erstaunlicherweise wird in diesem Bereich aber auch Weinbau betrieben und der Moselsteig führt zuweilen zwischen den Rebreihen hindurch – Mosel hautnah, ein perfektes Wandererlebnis!
In der Talsohle umläuft der Weg im Bereich der Weinlage Nikolausberg die Hangnase und man ist vom Burgblick überwältigt. Leicht ansteigend nähert man sich nun dem Ortsteil Cond, während die Augen auf der Reichsburg ruhen. Über die Moselbrücke gelangt man nach einem erfüllten Wandertag zum Etappenziel, dem quirligen **Cochem (6)**.

***i* Cochem**

Die Reichsburg ist das, was einem normalerweise als Erstes auffällt, wenn man sich der mit knapp 5000 Einwohnern größten Einzelstadt des Landkreises Cochem-Zell nähert. Das spätgotische Bauwerk überstrahlt von einem markanten Kegel aus die gesamte Stadt und das angrenzende Moseltal. Ursprünglich um das Jahr 1000 herum von Pfalzgraf Ezzo erbaut, wurde sie 1151 unter König Konrad III. zur Reichsburg. Im Zuge des Pfälzischen Erbfolgekriegs wurde die Burg von Truppen König Ludwigs XIV. 1688 besetzt und wenig später wie die Stadt Cochem zerstört. Während man die Stadt rasch wieder aufbaute, blieb die Burg bis ins 19. Jahrhundert hinein eine Ruine. 1868 schließlich erwarb der Berliner Kaufmann und spätere Geheime Kommerzienrat Louis Ravené die Burg und baute sie wieder auf. 1978 kaufte die Stadt Cochem die Burg, deren Besichtigung sehr zu empfehlen ist. Aber auch der historische Stadtkern ist überaus sehenswert, wenngleich er in der Hauptsaison stark überlaufen ist. Beachten Sie vor allem den Marktplatz mit dem barocken Rathaus und die historischen Stadttore. Einen besonders schönen Blick auf die Stadt und die Reichsburg hat man vom Pinnerkreuz aus, zu dem eine Seilbahn hinauffährt. Der Moselsteigwanderer passiert den Aussichtsplatz jedoch ohnehin.
Weinlagen: Herrenberg, Pinnerkreuzberg, Schlossberg, Hochlay, Klostergarten, Sonnenberg, Bischofsstuhl, Arzlay, Rosenberg, Nikolausberg.

19 Von Cochem nach Treis-Karden

7.00 Std.
23,8 km

Von der Reichsburg zum Moseldom

Mit der Reichsburg und der St.-Castor-Kirche bilden zwei architektonische Highlights die Eckpfeiler dieser weiten und anspruchsvollen Etappe. Gleich dreimal geht es steil bergan und ebenso oft auch wieder talwärts. Zwischendurch erwarten Sie eine schmucke Kapelle, eine Burgruine, ein wildes Tal und eine römische Tempelanlage.

Ausgangspunkt: Cochem, Endertstraße. Erreichbarkeit: Mit der Regionalbahn ab Koblenz oder Trier, mit dem Auto über die B 49.
Endpunkt: Treis-Karden, Ortsteil Karden, St.-Castor-Kirche. Rückfahrt nach Cochem mit der Regionalbahn ab Bahnhof Treis-Karden.
Höhenunterschied: Auf- und Abstieg 740 m.
Anforderungen: Anspruchsvolle Etappe. Gleich drei Steilanstiege verlangen Kondition. Die steilen Pfade führen teilweise über lockeres Schiefergestein, ein gewisses Maß an Trittsicherheit ist daher von Vorteil.
Einkehr: Wildpark Klotten, Klotten, Pommern, Martberg.
Unterkunft: Cochem: Siehe vorherige Etappe. – **Treis-Karden:** Schloss-Hotel Petry, St.-Castor-Str. 80, 56253 Treis-Karden, Tel. +49 2672 9340, schloss-hotel-petry.de; Hotel Brauer, Moselstraße 25–26, 56253 Treis-Karden, Tel. +49 2672 1211, hotel-brauer.de.
Information: Cochem: Tourist-Information Ferienland Cochem, Endertplatz 1, 56812 Cochem / Mosel, Tel. +49 2671 60040, ferienland-cochem.de, cochem.de. – **Treis-Karden:** Siehe Folgeetappe.
Wanderkarte: Freizeitkarte Moselsteig (1:25.000), Karte 3: Zell – Koblenz.

Der Moselsteig folgt vom **Cochemer Stadtkern (1)** der Endertstraße in das enge, beidseitig von Häusern gesäumte Kerbtal hinein, wo er auf Höhe der Seilbahnstation rechts abzweigt. Und die Seilbahn ist es dann auch, welche die Richtung vorgibt. Auch wenn der Steig notgedrungen von der geraden Linie abweicht, ist der teilweise in Serpentinen und über Schieferstufen führende Aufstieg zum Pinnerberg äußerst kräftezehrend und auch wenn man es niemals zugeben würde, so beneidet man den Sessellift-Touristen schon ein wenig, zumal das Erreichen des **Pinnerkreuzes (2)** erst die halbe Miete ist. Ein längerer Zwischenstopp ist allein schon wegen des prächtigen Ausblicks auf die Reichsburg obligatorisch.

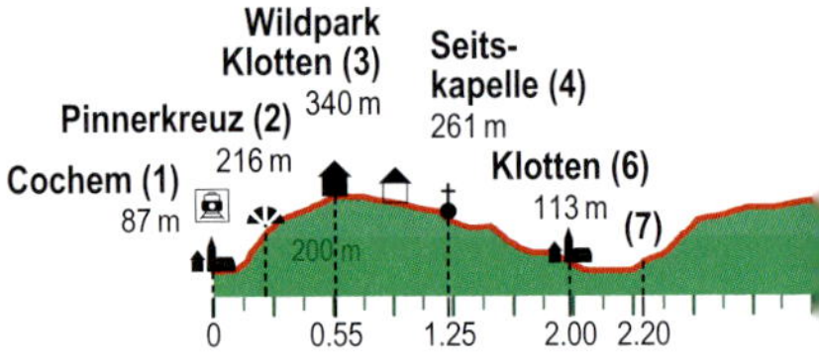

Auch die bizarre Felslage beeindruckt und so wandert man mit vollem Herzen die Bergstation der Seilbahn passierend durch den Wald hinauf zum **Wildpark Klotten (3)**, einer Mischung aus

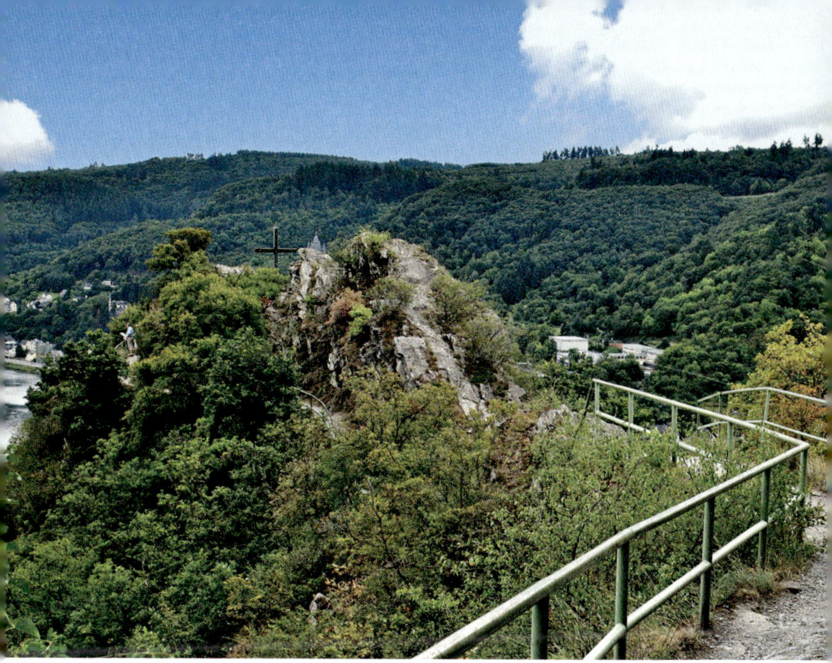

Am Pinnerkreuz.

Wild- und Freizeitpark mit Greifvögeln, Bären, Wasserrutschen und dergleichen. Der Moselsteig folgt nun über etwa 2 km leicht aufsteigend dem durch dichten Wald verlaufenden Hangkantenweg. Erst im Bereich der Rabenlei am Aussichtspunkt »Am Kaiserbäumchen« (Schutzhütte) in der Nähe des **Schwedenkreuzes** von 1670 bietet sich letztmalig eine herrliche Aussicht Richtung Reichsburg. An der **Seitskapelle (4)**, die Sie wenig später erreichen, rücken Klotten und die Burgruine Coraidelstein in den Fokus.
Oberhalb der Weinberge geleitet Sie der Moselsteig zum **Friedenskreuz (5)** und anschließend die rückwärtige bewaldete Bergnase eines Taleinschnitts nutzend hinunter nach **Klotten (6)**. Nach der Straßenbrücke halten Sie sich im Ort links (Burgweg). Unterhalb der sich in Privatbesitz befindenden Burg führt ein Feldweg vorbei. Die Burg Coraidelstein wurde vermutlich um 950 von Pfalzgraf

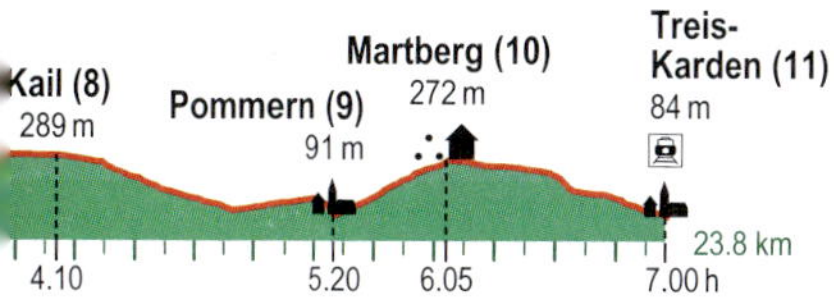

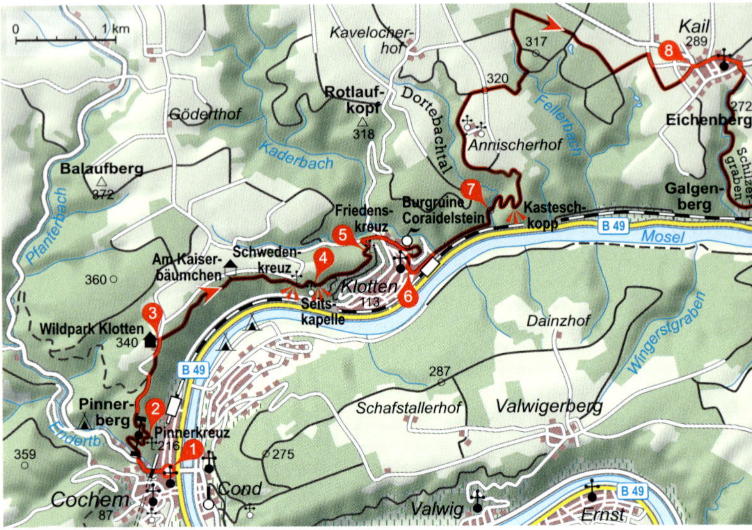

Hermann I. gegründet, wenngleich die erste sichere Erwähnung als Reichsburg Klotten von 1294 stammt. Der hübschen spätgotischen Pfarrkirche St. Maximinus zustrebend tangiert der Moselsteig den Ort, um ihn rechter Hand über die Krampen- und die Bahnhofstraße längs der Gleise zu verlassen. Die Passage neben der Eisenbahnlinie und der B 49 zieht sich über etwas 900 m hin, wobei sich aber zumindest eindrucksvolle Blicke zur schroffen Felswand ergeben. Und eben diese unnahbar wirkende Wand öffnet sich urplötzlich auf wahrlich wundersame Weise und gewährt dem Moselsteig Einlass ins **Dortebachtal (7)**. Das alpin anmutende Erosionstal bietet aufgrund der besonderen klimatischen Verhältnisse in unterschiedlichen Biotopen einen Lebensraum für Pflanzen und Tiere, die man eher im Mittelmeerraum vermuten würde. Auch der stark gefährdete Apollofalter ist im Dortebachtal zu Hause. Ein Wasserfall, das üppige Buschwerk und dichte Atmosphäre nehmen einen augenblicklich gefangen und man bedauert sehr, dass der Moselsteig sich bald schon rechter Hand steil ansteigend diesem Zauber entzieht.

Nach einem kernigen Serpentinenanstieg erreicht man mit einem kleinen Abstecher den Aussichtspunkt Kasteschkopp.

Auf der Höhe ändert sich das Landschaftsbild dann völlig, denn entlang ausgedehnter Felder hält sich der Weg hartnäckig am Waldsaum. Erst ein ganzes Stück hinter dem Annischerhof wagt er sich rechts abknickend in die

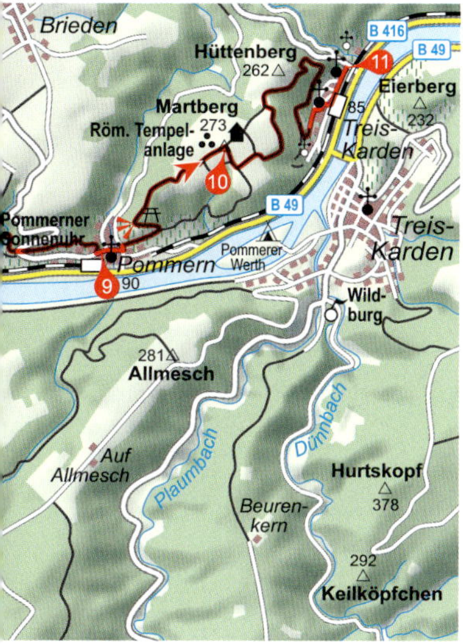

freie Flur. Dies dient aber nur dazu, sich dem Waldrand auf der anderen Seite zu nähern und wenig später sogar in den schönen Laubwald einzutauchen. Nach der Querung des **Fellerbachs** folgt der Moselsteig dem Taleinschnitt entlang des Bachlaufs etwa 300 m bergan, wo er rechter Hand abbiegt. In gerader Linie erreicht der Weg die Felder, zwischen denen er in rechtwinkligen Bewegungen dem Höhendorf **Kail (8)** zustrebt.

Nachdem der Ort auf der Hauptstraße durchmessen und am Friedhof geradeaus verlassen wird, biegt der Moselsteig rechts in einen Wiesenweg ab, um sogleich in das idyllische Tal des **Schilzergrabens** einzutauchen. Der Weg folgt dem plätschernden Bachlauf rapide bergab.

Pommerner Sonnenuhr.

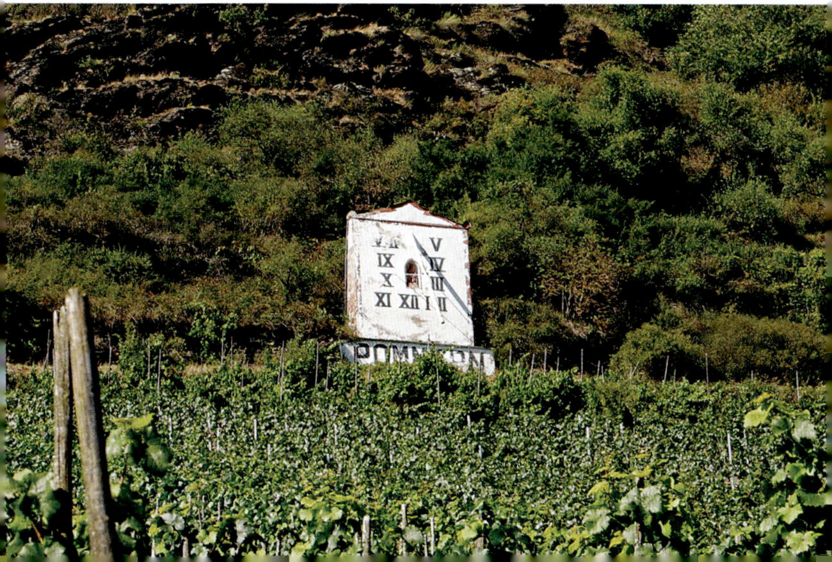

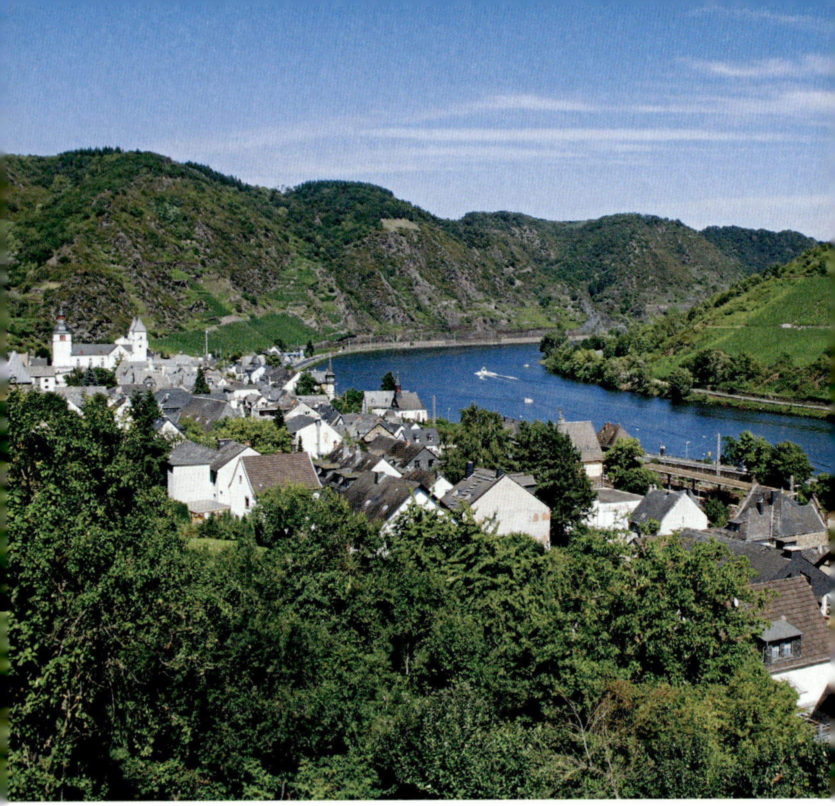

Moseltal bei Treis-Karden.

1,4 km nach Kail öffnet sich der Waldvorhang unvermittelt und entlässt den Wanderer in die Weinberge, die ihn bis Pommern begleiten. Auf dem Weg dahin passiert man die alte Sonnenuhr und muss zwei kleinere Taleinschnitte ausschreiten.
In **Pommern (9)** geleitet Sie der Moselsteig durch die schattigen Gassen mit den vielen kleinen Winzerhöfen. Der Ort strahlt eine besondere Atmosphäre aus, die man auf sich wirken lassen sollte. Es ist ein traditioneller Ort, der vom an der Mosel mancherorts herrschenden Massentourismus verschont wurde und in dem die Menschen scheinbar ohne Hektik ihrem altehrwürdigen Handwerk nachgehen, der Erzeugung von Spitzenweinen. Der Name des Ortes stammt übrigens vom lateinischen Pomaria, was Obstgarten bedeutet.

Durch die Weinlage Goldberg beginnt der letzte Aufstieg des Tages, der ein besonderes Highlight zu bieten hat. Der kräftige Anstieg führt oberhalb der Weinberge durch Brachland, Wald und schließlich über eine offene Feldlandschaft zur gelungenen Rekonstruktion einer römischen Tempelanlage auf dem **Martberg (10)**. Ein Café versorgt Sie in der Saison mit Kaffee und Kuchen.

i *Martberg*

Bergkuppen waren zu kriegerischen Zeiten immer beliebte Siedlungspunkte, weil sie besser zu verteidigen sind als Tallagen und man potenzielle Feinde entdecken kann, bevor man selbst entdeckt wird. Grabungsergebnisse und Oberflächenfunde deuten auf eine Besiedlung des Martbergs zur Zeit des Neolithikums hin. In vorrömischer Zeit gab es hier eine befestigte, stadtähnliche Siedlung der Treverer. Die Römer errichteten an exakt dieser Stelle später einen ausgedehnten Tempelbezirk für Lenus-Mars. Im Jahre 2004 wurden Teile der Anlage rekonstruiert, sodass der 273 m hohe Martberg heute mit einem eindrucksvollen Nachbau einer gallorömischen Tempelanlage aufwarten kann.

Eine Ackerfläche rechtwinklig umlaufend, mündet der Moselsteig am Waldrand in den Panoramaweg an der Hangkante ein. Erst als ein lang gezogenes Quertal den Abstieg erzwingt, folgt der Moselsteig den Serpentinen talwärts Richtung **Karden (11)**. Auf halber Höhe jedoch ändert der Weg seine Orientierung und schreitet die Stadt in bester Aussichtslage oberhalb der Weinberge ab. Erst dann erfolgt der endgültige Abstieg in den Etappenort.

i *Treis-Karden*

Beide Stadtteile verdienen Ihre Aufmerksamkeit, obwohl nur Karden vom Moselsteig durchzogen wird. Dort auf der Eifelseite ist es allen voran die ehemalige Stiftskirche St. Castor, welche zu erwähnen ist. Strahlend weiß erhebt sie sich groß und mächtig aus dem Meer der zahlreichen gut erhaltenen Fachwerkhäuser. Namensgeber für die auch als Moseldom bezeichnete Kirche ist der heilige Castor, der dem Vernehmen nach um das Jahr 400 in Karden lebte und von dort aus das Moselgebiet missionierte. Die St.-Castor-Kirche ist die älteste Großkirche zwischen Trier und Koblenz. Sie wurde im 12. und 13. Jahrhundert auf den Fundamenten einer karolingischen Kirche errichtet. Auf der anderen Moselseite liegt Treis, das mit einem stimmungsvollen Marktplatz und einer sehr schön angelegten Flusspromenade zu entzücken weiß. Außerhalb des Ortes sind zwei Burganlagen ganz bzw. teilweise erhalten. Während sich die Wildburg in Privatbesitz befindet (keine Besichtigung möglich!), ist die Burgruine Treis frei zugänglich.
Weinlagen: Greth, Kapellenberg, Treppchen (Treis), Dechantsberg, Juffermauer, Münsterberg (Karden).

20 Von Treis-Karden nach Moselkern (Ringelsteiner Mühle)

3.30 Std.
10,8 km

Das versteckte Juwel unweit der Mosel

Zwei knackige Anstiege, ein fantastischer Aussichtspfad und ein wildromantisches Bachtal säumen die stimmungsvolle Eroberung einer der bekanntesten deutschen Burgen. Abgelegen, ja fast versteckt, verwaltet sie ihr fast tausendjähriges Bestehen äußerst effizient. Angesichts der Kürze der Tour ist eine Besichtigung der Burg nicht nur für den Adel verpflichtend.

Ausgangspunkt: Treis-Karden, Ortsteil Karden, St.-Castor-Kirche. Erreichbarkeit: Mit der Regionalbahn ab Koblenz oder dem Auto über die B 416.
Endpunkt: Moselkern, Ringelsteiner Mühle. Rückfahrt nach Treis-Karden ab Bahnhof Moselkern per Regionalbahn möglich.
Höhenunterschied: Aufstieg 380 m, Abstieg 370 m.
Anforderungen: Mittel. Schmale Schieferpfadpassagen verlangen Trittsicherheit, die beiden Steilanstiege etwas Kondition. Im Elzbachtal können die Wege teilweise nass und rutschig sein.
Einkehr: Burg Eltz.
Unterkunft: **Treis-Karden:** Siehe vorherige Etappe. – **Ringelsteiner Mühle,** Landhotel, Elztal 94, 56254 Moselkern, Tel. +49 2672 910200, ringelsteiner-muehle.de. – Weitere Übernachtungsmöglichkeiten im Ort **Moselkern** (ungefähr 2 km von der Ringelsteiner Mühle entfernt).
Information: **Treis-Karden:** Ferienland Treis-Karden, Im Bahnhof, Ortsteil Karden, St.-Castor-Straße 87, 56253 Treis-Karden, Tel. +49 2672 9157700, treis-karden.de. – **Moselkern:** Siehe Folgeetappe.
Wanderkarte: Freizeitkarte Moselsteig (1:25.000), Karte 3: Zell – Koblenz.

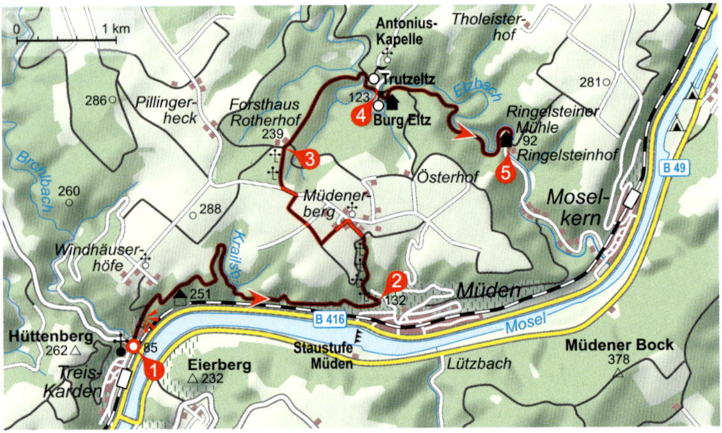

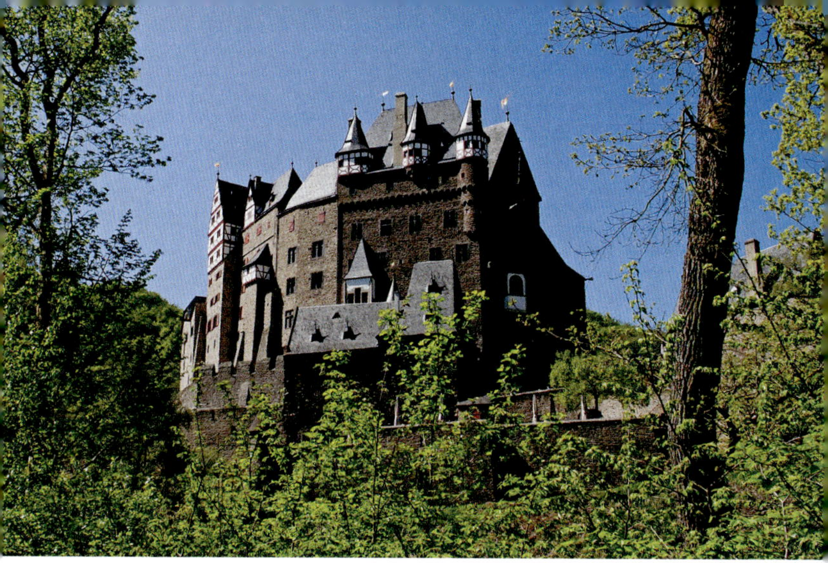

Burg Eltz.

Die knapp 200 m von der St.-Castor-Kirche durch die engen Gassen von **Treis-Karden (1)** bilden den kurzen Anlauf zum fulminanten Auftakt der heutigen Wanderung. Auf einem schmalen Pfad windet sich der Moselsteig über lockeres Schiefergestein vorbei an Reben, schroffem Fels und formvollendet aufgeschichteten Trockenmauern zur Hangkante empor. Wohl dem, der mit leichtem Gepäck gesegnet ist. In der Talsicht prägt allen voran die große, weiß getünchte Stiftskirche das Bild des eifelseitigen Karden, aber auch die Treiser Zilleskapelle am Berghang schräg gegenüber ist ein lohnender Blickfang. Nach Überwindung der knapp 200 Höhenmeter bietet sich von der Schutzhütte am **Kompeskopf** bei einer wohlverdienten Rast ein grandioser Weitblick.

Vielleicht ist Ihnen schon die große Anzahl leuchtend grüner Buchsbaumbüsche aufgefallen, die den Weg so eindrucksvoll säumen. Nicht ohne Grund ist die hiesige Moselsteigpassage deckungsgleich mit dem Buchs-

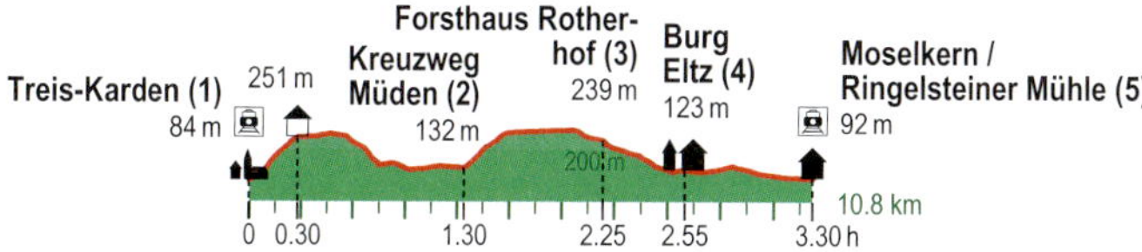

baum-Wanderpfad, der nach seiner Beschreibung durch das größte zusammenhängende Buchsbaumgebiet nördlich der Alpen führt.
Nach 1,2 km im lichten Hangwald ohne größere Höhendifferenzen fällt der Moselsteig urplötzlich steil ins schluchtartige **Krailsbachtal** ab. Während der zunehmende Buchsbaumbestand begeistert, lindern Sicherungsseile die Gefahren beim Abstieg über den felsigen Grund. Nachdem schließlich der Krailsbach passiert ist, geht es nur noch ein kleines Stück bergab. Weiterhin auf abenteuerlich schmalem Pfad quert man in mäßigem Auf und Ab den Steilhang zwischen Treis-Karden und Müden. Wenn die Weinberge erreicht werden, wird der Weg breiter und schließlich wandert man – allerdings kaum störend – auf Asphalt. Auf der Höhe von Müden schwenkt der Moselsteig beim Infostand zum fränkischen Gräberfeld nach links und leitet damit, den **Kreuzweg (2)** nutzend, einen längeren Steilanstieg ein. Glücklicherweise wechselt der Weg nach gut 100 m in den Schatten spendenden Wald. Nach einem wirklich kernigen Kilometer erreicht man am Weiler **Müdenerberg** die obligatorische Kapelle.
Um der Landstraße auszuweichen, zieht der Moselsteig im Karree durch die Felder bevor er nun doch kurz die Straße nutzend rechter Hand im Wald bergab führt. Wieder trifft man auf Wegkreuze, die augenscheinlich einen noch älteren Kreuzweg markieren. Vom idyllisch gelegenen **Forsthaus Rotherhof (3)** bringt Sie ein breiter Forstweg zunächst mäßig und ein Waldpfad schließlich rasant bergab ins Elzbachtal. Bereits durch die lichten Bäume gerät an wenigen Stellen die prächtige Burg ins Blickfeld. Nach einer Wegkreuzung queren Sie den Elzbach, schneiden gekonnt eine Bachschleife ab und folgen dem lieblichen Tal zur **Burg Eltz (4)**.

i Burg Eltz

Versteckt im idyllischen Tal des Elzbachs befindet sich mit der erstmals 1157 urkundlich erwähnten »Eltz« eine der berühmtesten deutschen Burgen. Zwischen 1965 und 1992 zierte ein Bild der Burg den 500-Mark-Schein. Eine Stammesteilung des Hauses Eltz führte 1268 dazu, dass sich drei Stammeslinien die Burg teilen mussten. Während das Haus Rodendorf 1440 erlosch, kaufte das Haus Kempenich 1815 den Anteil des Hauses Rübenach. Im Laufe der Jahrhunderte kam es immer wieder zu An- und Umbauten, niemals aber zu einer Eroberung. Am Berghang etwas oberhalb der Burg erkennt man die Reste der sogenannten Trutzeltz, die Erzbischof und Kurfürst Balduin von Trier 1331 zu Belagerungszwecken bauen ließ. Von hier aus wurde die Burg Eltz mit Steinkatapulten beschossen, konnte jedoch nicht eingenommen werden.

Vor dem Burgtor geleiten Sie die Treppen und ein anschließender Pfad zum Elzbach hinab, wo ein Fußbad belebende Wirkung zeigen kann, bevor man an der alten Brücke die Bachseite wechselt. Hinter der Brücke führt der Weg linker

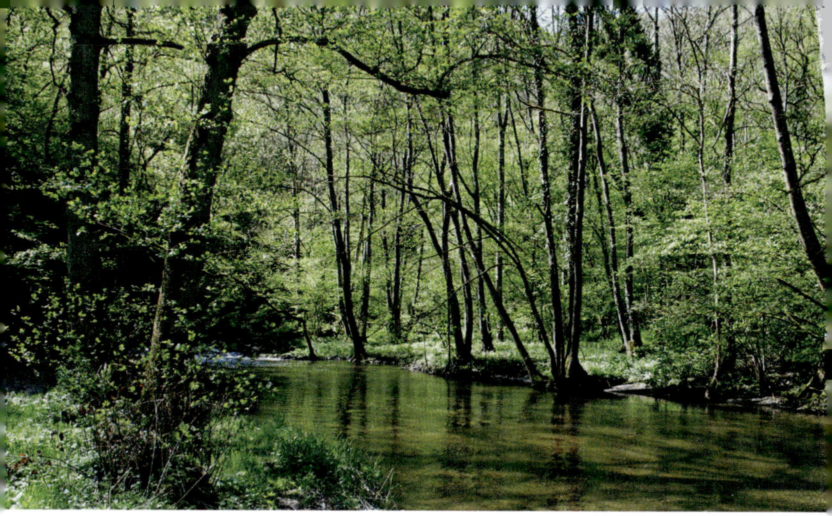

Das Elzbachtal nahe der Ringelsteiner Mühle.

Hand talauswärts. Querwege, die nach rechts ansteigend in den Wald führen, werden vom Moselsteig ebenso ignoriert wie waghalsige Abstiege zum Ufer. Stattdessen folgt der Weg bald in einiger Höhe dem plätschernden Bachlauf. Nennenswerte Höhenschwankungen gibt es nun nicht mehr, wohl aber einen schönen schmalen Pfad im lichten Wald. Je nach Wasserstand variiert die Atmosphäre im engen Bachtal zwischen beschaulich und wild, denn insbesondere nach längeren Regenfällen stürzt das Wasser auch schon mal rastlos brausend talwärts. Die engen Kerbtäler der Mosel verdienen ohnehin größte Beachtung, da sie abseits des sommerlichen Rummels am Fluss wildromantische Naturerlebnisse anzubieten vermögen.
Kurz vor der **Ringelsteiner Mühle (5)** besteht noch einmal die Möglichkeit die erfrischende Kühle des Elzbaches hautnah zu spüren, bevor man sich im Biergarten des Gasthofs von der abwechslungsreichen Etappe erholen kann. Hier zu übernachten wäre nicht unpraktisch, zumal der anschließende Talweg in den Ort Moselkern nicht wirklich zu gefallen weiß.
Allerdings verpassen Sie damit an der Kirche in **Moselkern** die Replik einer Basaltstele mit einer stilisierten Christusfigur aus dem 7. Jahrhundert. Das sogenannte Merowinger Kreuz ist nach Ansicht renommierter Kunsthistoriker die früheste bekannte bildhauerische Darstellung des gekreuzigten Christus nördlich der Alpen. Das Original wird im Rheinischen Landesmuseum Bonn aufbewahrt.
Die Entfernung von der Ringelsteiner Mühle zur Ortsmitte von Moselkern beträgt etwa 2 km.

21 Von Moselkern (Ringelsteiner Mühle) nach Löf

4.00 Std.
13,9 km

Abstecher ins Maifeld – ein Blick über den Tellerrand

Nach einem kernigen Aufstieg durch die Hangwälder des Elzbachtals erwartet den Wanderer das Maifeld, über dessen weite Kornfelder hinweg sich die Vulkankegel der Eifel ausmachen lassen. Sanft und ruhig zieht sich der Weg dahin, bis sich hinter Lasserg wieder dramatische Moselsichten einstellen. Nach abermaligem Streifen der Eifelhöhe zieht sich der Weg durch ein schattiges Tal gen Löf.

Ausgangspunkt: Moselkern, Ringelsteiner Mühle. Erreichbarkeit Moselkern: mit der Regionalbahn ab Koblenz oder dem Auto über die B 416 zur Ringelsteiner Mühle (Beschilderung Burg Eltz).
Endpunkt: Löf, Ortskern. Rückfahrt nach Moselkern mit der Regionalbahn möglich.
Höhenunterschied: Aufstieg 380 m, Abstieg 390 m.
Anforderungen: Anspruchsvoll. Der Aufstieg aus dem Elzbachtal erfordert Ausdauer, der Klettersteig Dolling Trittsicherheit, Schwindelfreiheit und Konzentration. In den Tälern kann es zuweilen rutschig sein.
Einkehr: Lasserg, Hatzenport.
Unterkunft: **Moselkern:** Siehe vorherige Etappe. – **Löf:** Hotel Lellmann, Alte Moselstraße 36, 56332 Löf, Tel. +49 2605 98070, hotel-lellmann.de; Hotel Traube, Alte Moselstraße 2, 56332 Löf, Tel. +49 2605 98080, mosel-hotel-traube.de.
Information: **Moselkern:** Ferienland Treis-Karden, Im Bahnhof, Ortsteil Karden, St.-Castor-Straße 87, 56253 Treis-Karden, Tel. +49 2672 9157700, treis-karden.de, moselkern.de. – **Löf:** Siehe Folgeetappe.
Wanderkarte: Freizeitkarte Moselsteig (1:25.000), Karte 3: Zell – Koblenz.

Von Moselkern führt ein Moselsteig-Zuweg im Elzbachtal zur **Ringelsteiner Mühle (1)**. Wer im dortigen Gasthof genächtigt hat, den erwartet quasi gleich nach dem Aufstehen ein ausgiebiger Frühsport. Der Aufstieg durch den niederen Hangwald hat es wirklich in sich, denn auf nicht einmal 1 km Wegstrecke wird ein Höhenunterschied von 160 m überwunden. An der Rastbank auf halber Höhe lohnt ein kurzer Abstecher zu den Felsklippen. Als sich der Wald kurz danach öffnet und der Anstieg spürbar nachlässt, überrascht ein abrupter Wechsel der Landschaftsform. Auf dem Moselplateau schweift der Blick in eine weite offene Felderlandschaft, die mutig zu durchschreiten sich der Weg aber scheut. Bei nächster Gelegenheit nimmt er rechter Hand Kurs

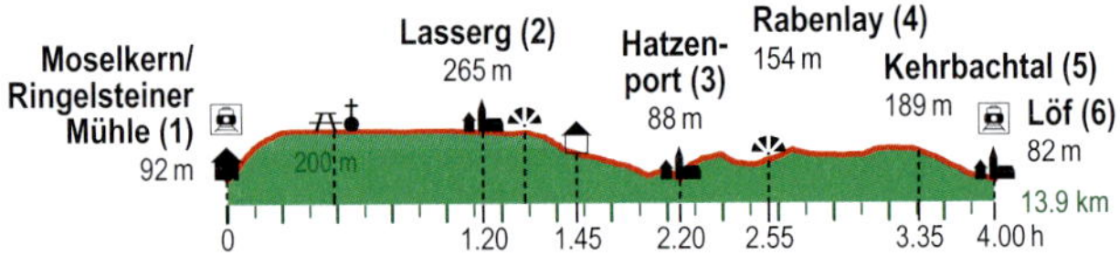

auf den Waldsaum, an dem er bis Lasserg mit wenigen Ausnahmen konsequent haften bleibt. Bei der Wegkapelle an der Landstraße befindet sich ein schöner Rastplatz. Die Moselsicht ist durch die Bäume allerdings stark eingeschränkt. Rechteckige Feldformen bestimmen den Wegverlauf bis **Lasserg (2)**, einem kleinen, landwirtschaftlich geprägten Höhendorf.Schulstraße und »Zum Küppchen« geleiten Sie durch den Ort und beim letzten Haus besteht mittwochs bis sonntags sogar die Gelegenheit zur Einkehr. Im Wald passieren Sie eine Schutzhütte und wer einen prächtigen Blick auf Burg Bischofstein erhaschen möchte, sollte sich rechter Hand in den Wald schlagen. Aber Achtung: Vom Felsplateau geht es steil bergab!
Wieder auf dem Moselsteig erreichen Sie an der Hangkante die Lasserger Absprungstelle der Drachenflieger. Die Aussicht ist wie immer überwältigend. Am gegenüberliegenden Moselufer schmiegt sich der Ort Burgen in den Einschnitt des Baybachtals. Weit darüber wachen die Hunsrückhöhen.

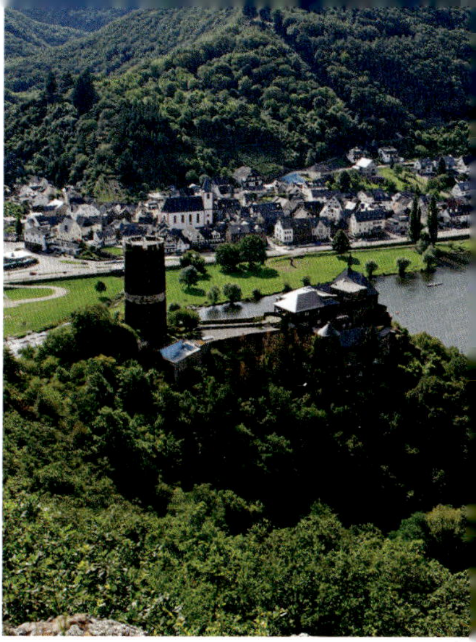

Burg Bischofstein.

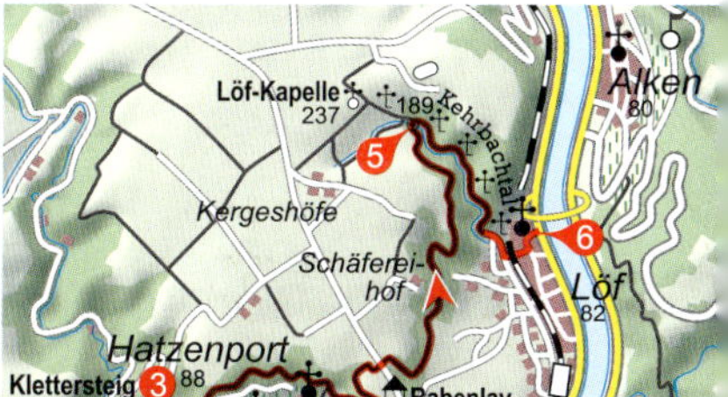
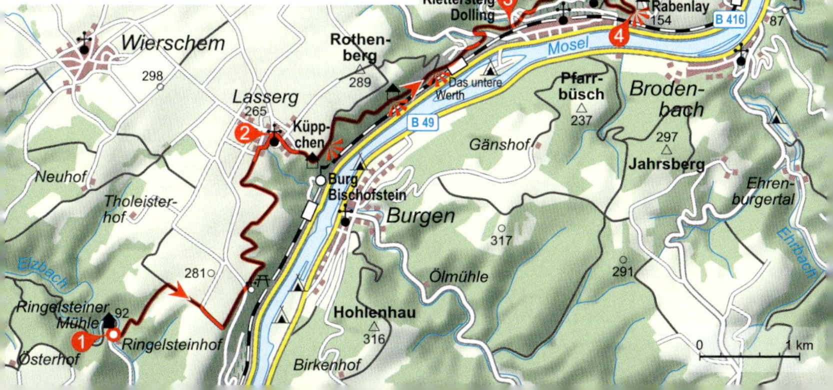

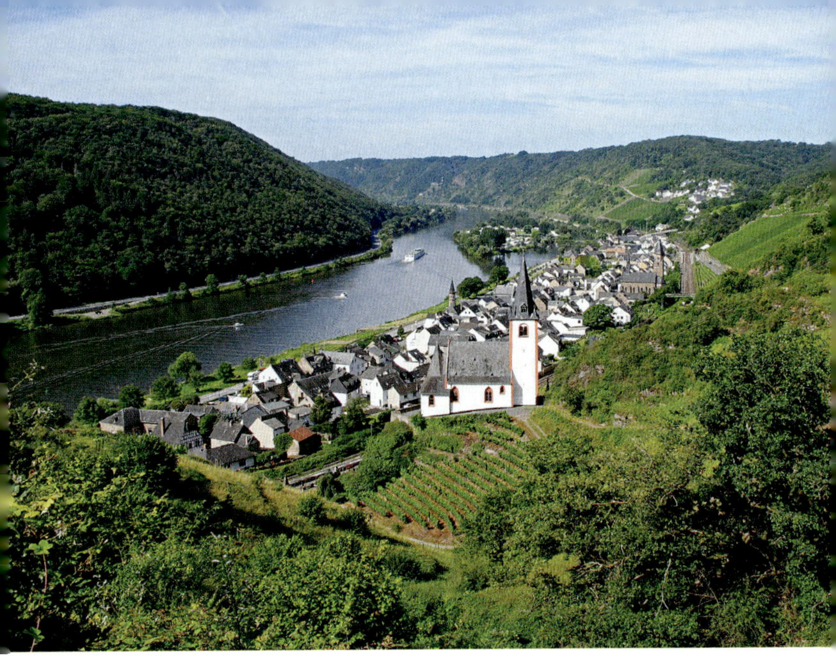

Blick auf Hatzenport.

Ein kurzes Stück folgt der Moselsteig der Wald-Feld-Grenze, um sich zusammen mit dem Traumpfad **Hatzenporter Laysteig** rechter Hand in die Büsche zu schlagen. Im Spalier der Weinbergeichen geht es im niederen Hangwald auf einem schmalen Pfad bergab. An der Schutzhütte öffnet sich das Buschwerk und gibt einen herrlichen Blick auf Hatzenport frei, dem man sich nun auf grasigem Geläuf oberhalb der Mosel nähert. Durch eine Siedlung gelangt man zunächst zur Landstraße, der man etwa 50 m nach links folgt. Auf der anderen Straßenseite befindet sich dann der Einstieg in den **Klettersteig Dolling**, der Seile und Leitern zur Sicherung und Erleichterung bereithält. Am engen Schrumpftal erreicht man in der Nähe des Bahnhofs **Hatzenport (3)**, das man aber sogleich steil aufstrebend wieder verlässt, wobei der Ort selbst noch für eine ganz Weile im Blickfeld des Wanderers bleibt.
In mäßigem, aber permanentem Auf und Ab zieht sich der Moselsteig in Logenlage hinter dem bekannten Weinort entlang, um am anderen Ende den Premiumrastplatz **Rabenlay (4)** zu erreichen.
Nach einem kleinen landeinwärts führenden Anstieg biegt der Moselsteig zwischen den Feldern rechts ab, kreuzt eine Landstraße und entschwindet

Hatzenport

Das Winzerdorf vereint mit Ruhe und Urwüchsigkeit zwei Merkmale, die größere und bekanntere Moselorte zuweilen vermissen lassen. Der Ort verfügt neben einer sonnigen Flussseite und kühlen Gassen mit alten Winzerhöfen über einige markante Bauwerke. Da wäre zum einen der Fährturm direkt am Moselufer. Er stammt aus dem Jahr 1863 und erinnert an den Fährbetrieb, der an dieser Stelle auf die Mitte des 16. Jahrhunderts zurückgeht. 1972 wurde er durch den Bau der Brücke zwischen Löf und Alken unrentabel und eingestellt. Am nördlichen Ortsrand liegt oberhalb des Dorfes am Fuße steiler Weinhänge die spätgotische Johanneskirche, auch Hatzenporter Bergkirche genannt. Sie beherbergt barocke Seitenaltäre von 1669. Die Kanzel und der Taufstein stammen von 1600 und ein Kirchenfenster mit einer Kreuzigungsszene gar von 1480. In der Ortsmitte beeindruckt die Pfarrkirche St. Rochus von 1869/70. Besonders schön ist der auf einer vorgelagerten Insel liegende Campingplatz. Die Schlaffindungsphase wird dort von eindrucksvollen Froschkonzerten akustisch begleitet.
Weinlagen: Kirchberg, Stolzenberg, Burg Bischofstein.

erneut in einem schönen Mischwald. Am Taleinschnitt stoßen Sie auf einen Querweg, dem Sie nach links folgen. Wenig später wird der Alzbach überquert, bevor sich der Weg ins **Kehrbachtal (5)** hineinschlängelt. Der Name Kehrbach steht dabei sinnbildlich für den Wegverlauf, denn nach seiner Querung kehrt sich die Wanderrichtung um. Flankiert von einem Kreuzweg folgt der Moselsteig dem Bachlauf in den Etappenort **Löf (6)**.

Schutzhütte an der Rabenlay.

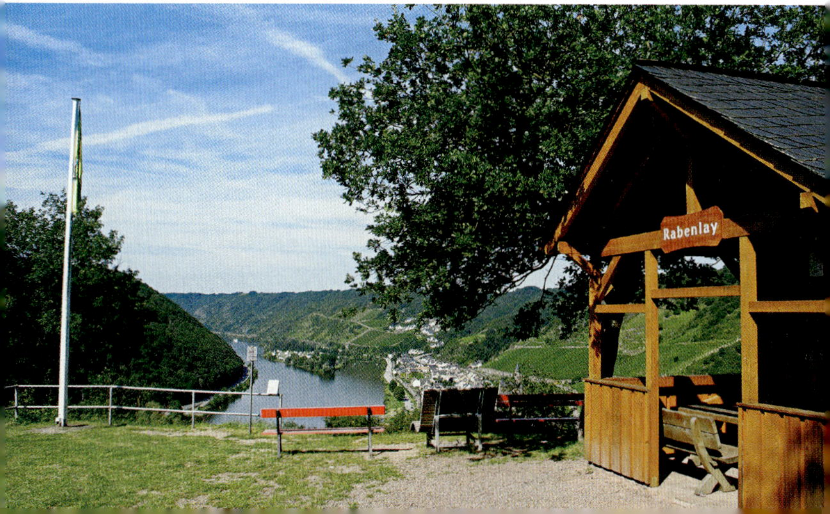

22 Von Löf nach Kobern-Gondorf

5.00 Std.
15,4 km

Rund um die Burg zweier Herren

Eine anspruchsvolle Wanderung mit einigen Auf- und Abstiegen, deren ultimativer Höhepunkt die Burg Thurant ist. Ob der Blick von Alken aus der schönste ist oder die Rückansicht vom Bleidenberg das Rennen macht, können Sie auf dem langen, waldreichen Weg ins schmucke Kobern-Gondorf entscheiden – vielleicht, denn nicht nur diese beiden sind überwältigend.

Ausgangspunkt: Löf. Erreichbarkeit: Mit der Regionalbahn ab Koblenz, mit dem Auto über die B 416.
Endpunkt: Kobern-Gondorf, Ortskern. Rückfahrt nach Löf mit der Regionalbahn ab Bahnhof Kobern-Gondorf.
Höhenunterschied: Aufstieg 600 m, Abstieg 590 m.
Anforderungen: Anspruchsvoll. Drei längere steile Anstiege machen die Tour zu einer echten Herausforderung. Naturnahe Wege über felsigen Untergrund erhöhen den sportlichen Charakter.
Einkehr: Alken, Oberfell.
Unterkunft: **Löf:** Siehe vorherige Etappe. – **Kobern-Gondorf:** Hotel-Weinhaus Heinrich Haupt, Marktstraße 12, 56330 Kobern-Gondorf, Tel. +49 2607 9630350, hotelhaupt.de; Landhaus-Julia, Im Geispfad 13, 56330 Kobern-Gondorf, Tel. +49 2607 1895, landhaus-julia.de.
Information: **Löf:** Tourist-Information Sonnige Untermosel, Moselstraße 7, 56332 Alken, Tel. +49 2605 8472736, sonnige-untermosel.de. – **Kobern-Gondorf:** Siehe Folgeetappe.
Wanderkarte: Freizeitkarte Moselsteig (1:25.000), Karte 3: Zell – Koblenz.

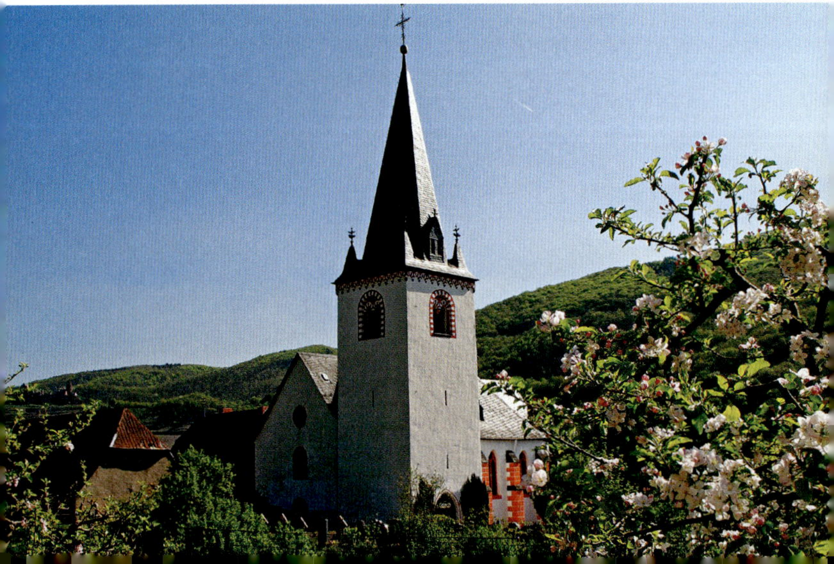

Von **Löf (1)** hat man einen schönen Blick zu einem absoluten Höhepunkt des Moselsteigs, um den sich diese Etappe auf den ersten gut vier Kilometern sprichwörtlich dreht. Gemeint ist natürlich die Burg Thurant, die man aus mehreren beeindruckenden Perspektiven erleben wird und der man sich zunächst auf der Moselbrücke nähert.
Am jenseitigen Ufer folgt man dem Asphaltweg rechts neben der ansteigenden Landstraße, die weiter oben von einem Pfad abgelöst wird. Hinter der Spitzkehre kreuzt der Weg die Fahrbahn und führt am Waldsaum entlang in die Weinberge. Bei der ersten Gelegenheit folgen Sie dem steilen Weinbergpfad, kreuzen die Hauptzufahrt zur Burg und gelangen im Linksbogen zur **Burg Thurant (2)**. In diesem Bereich haben die Wegplaner zwar nicht den kürzesten Weg zur Burg gewählt, aber eindeutig den interessantesten. Auch wenn man noch eine weite Strecke vor sich hat, ist eine Besichtigung der Burg zu empfehlen. Allein die Atmosphäre im Burggarten ist fantastisch.

i **Burg Thurant**

Für mich persönlich der Favorit unten den Höhenburgen im Moseltal. Es war der Kreuzzug-Heimkehrer Pfalzgraf Heinrich I., der Ende des 12. Jahrhunderts auf antikem Fundament eine Burg errichten ließ, von der aus man einen weiten Blick ins Moseltal und ins Maifeld auf der anderen Flussseite hat. Etwa 100 Jahre später eroberten die Erzbischöfe von Köln und Trier die Burg und teilten das Areal. Es entstanden zwei Wohnbereiche und zwei Bergfriede, heute als Kölner bzw. Trierer Turm bezeichnet. Ab dem 16. Jahrhundert verfiel die Burg und wurde für den Bau des Wiltberg'schen Schlosses in Alken geschleift. Französische Truppen machten aus der Burg Thurant während des Pfälzischen Erbfolgekriegs endgültig eine Ruine. 1911 erwarb Geheimrat Robert Allmers das Gemäuer und ließ Teile davon wieder aufbauen. Die Burg kann täglich ab 10 Uhr besichtigt werden und beheimatet sogar eine Ferienwohnung.

An der Ecke des kleinen der Burg vorgelagerten Parkplatzes führt der Moselsteig abwärts Richtung Alken. Was sachte mit tollem Moselblick beginnt, mausert sich am Ende des Weinbergsträßchens zu einer anspruchsvollen Passage zwischen den zerklüfteten Felsen des Burgbergs. Im niederen Wald bringt Sie der Pfad anschließend in den Talgrund von Alken, einem der ältesten Orte des Mosellandes, wo nachgewiesenerweise schon 450 v. Chr. Kelten siedelten. Das heutige **Alken (3)** pflegt in den urigen Gassen sein mittelalterliches Flair. Neben dem Fallerport, einem mittelalterlichen Stadttor, und Teilen der alten Stadtbefestigung mit dem »dicken Turm« gibt es viele Winzerhöfe im Fachwerkstil.
Am Hang gegenüber der ebenfalls sehenswerten romanischen St. Michaelskirche und dem Wiltberg'schen Schloss windet sich der Moselsteig auf dem

Kirche von Löf.

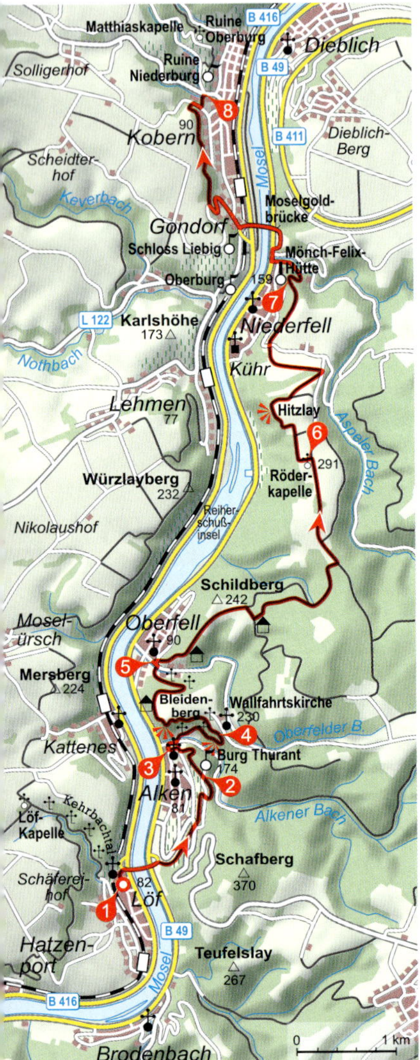

steilen Kreuzweg hinauf zur alten **Wallfahrtskirche** auf dem **Bleidenberg (4)**. Das äußerlich eher unscheinbar wirkende Gotteshaus stammt aus dem Jahr 1248 und verdient entsprechende Würdigung, wenn Sie sich vom grandiosen Blick auf die eindrucksvolle Zwei-Bergfried-Burg losreißen können.

Nach diesem in jeder Hinsicht anspruchsvollen Auftakt geht es auf dem nächsten Teilstück eher beschaulich zu, denn der Moselsteig führt an der Hangkante um den Bleidenberg herum, wo er auf interessante Spuren der Kelten trifft. Auf der anderen Hangseite steigt er im Wald nach **Oberfell (5)** ab. Auch hier begleitet Sie ein Kreuzweg.

Wer in Oberfell nicht einkehren möchte, verlässt den Ort so schnell, wie er ihn betreten hat. Kaum hat man sich an der Hauptstraße dem Ortskern zugewandt, zweigt der Moselsteig rechts ab. Dies geschieht, um längs des kleinen Weinbergs den langen Steilanstieg über die Bergnase vor Ihnen in Angriff zu nehmen. Der Aufstieg zum Schildberg ist teilweise so steil, dass die Unterstützung von Stufen erforderlich ist. An der Schutzhütte empfiehlt sich eine Pause, denn die Hoffnung, die Wanderung auf dem bequemen Querweg fortzusetzen, bleibt eine solche. Heute will es der Moselsteig wissen und so folgt er gnadenlos der Falllinie. Erst mit dem Erreichen der Felder lässt der Aufstieg nach, wenngleich er noch nicht beendet ist. An der Schutzhütte am jenseitigen Ende der offenen Landschaft des Schildbergs halten

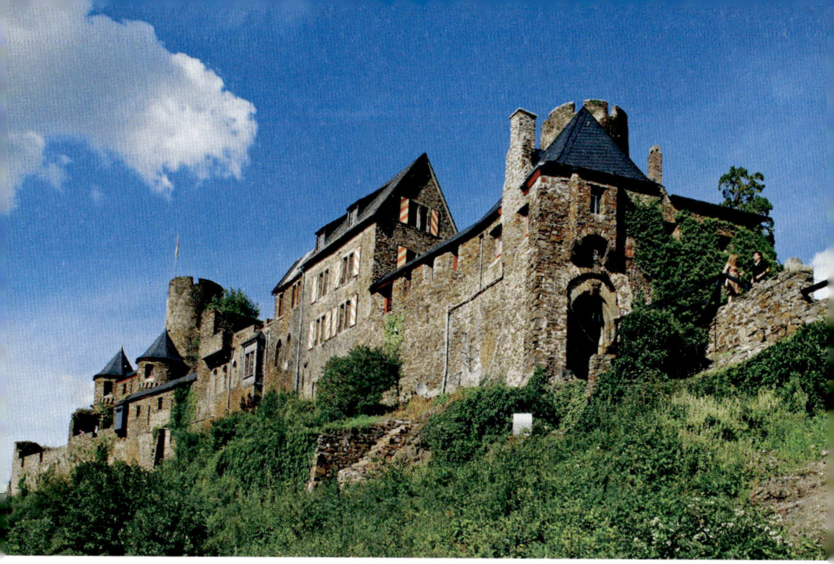

Burg Thurant.

Sie sich links und streben im hübschen Tannenwald noch etwa 1 km empor. Wieder folgt eine offene Passage auf den Feldern der Kuppe, wodurch sich teilweise herrliche Weitblicke bis in die Eifel ergeben. An der **Röderkapelle (6)** inmitten der Felder biegt der Moselsteig rechtwinklig nach links ab, um dem Waldrand an der Hangkante zur **Hitzlay** zu folgen. Neben der phänomenalen Aussicht steht hier auch eine Wanderliege zur Erholung bereit.
Am Feldrain führt wenig später ein bequemer Weg durch Streuobstwiesen abwärts, der mit einer Spitzkehre wieder zum Moselhang geleitet. Schon deutlich tiefer ergeben sich nun Blicke auf Niederfell und den Etappenort Kobern-Gondorf, nebst Burg und Matthias-Kapelle. Noch besser ist hingegen die Aussicht vom Turm der **Mönch-Felix-Hütte (7)**, den man auf einem urwüchsigen Pfad durch den felsigen niederen Hangwald erreicht.
In Serpentinen erfolgt der anschließende Abstieg ins **Aspeler Tal**, das Sie zur Moselfront geleitet.

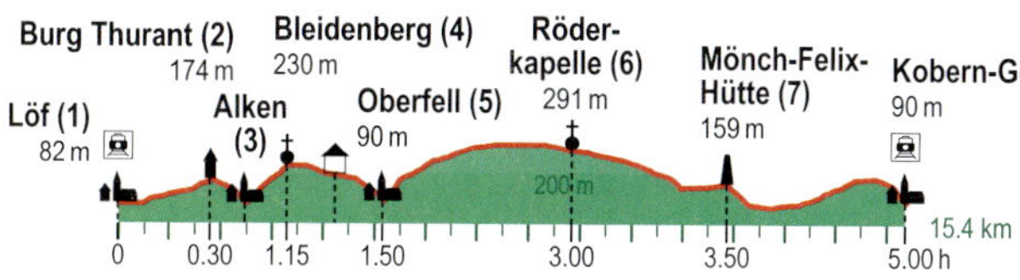

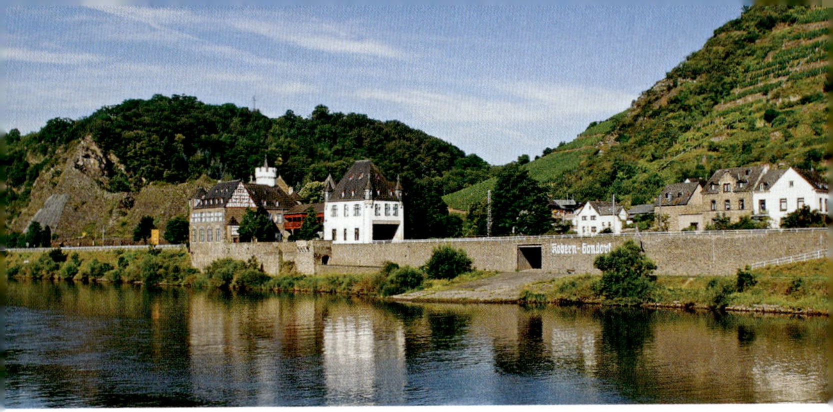

Schloss Gondorf.

Trockenen Fußes bringt die Moselgoldbrücke den Moselsteigwanderer letztmalig ans eifelseitige Ufer und folgt der Markierung »Im Vogelsang« durch das Wohngebiet rechts bergan zum Wald. Der Hangkante folgend erreicht man mit dem letzten rasanten Abstieg des Tages die Ortsmitte von **Kobern (8)**.

i *Kobern-Gondorf*

Schade ist lediglich, dass der Ortsteil Gondorf dabei unbeachtet bleibt, denn auch er hat einiges zu bieten, beispielsweise Schloss Liebieg mit seiner waghalsig an den Hang gebauten Kapelle. Die ursprünglich im 13. Jh. als Niederburg erbaute Anlage wurde 1859/60 unter Johann Peter Clemens zu einem neugotischen Landsitz umgestaltet, wodurch der markante eckige Turm sein heutiges Aussehen erhielt. Später wurde von der Familie von Liebieg ein neuromanischer Anbau hinzugefügt. Aufgrund der leicht zurückgesetzten Lage blieben Schloss Liebieg die verkehrstechnischen Verunstaltungen von Schloss Gondorf, der sogenannten Oberburg, erspart. Dieser Stammsitz der Herren und späteren Fürsten von der Leyen wurde 1876 durch die Eisenbahnlinie entlang der Mosel durchschnitten. Doch damit nicht genug, denn bizarrerweise wurde die sich jenseits der Bahngleise befindende Kernburg 1971 beim Ausbau der Bundesstraße auch noch untertunnelt. Die Vorburg blieb unversehrt und beherbergt heute ein Weinmuseum.

In Ihrem Etappenort Kobern beeindrucken der mittelalterliche Marktplatz mit dem Tatzelwurmbrunnen und das vorgeblich älteste erhaltene Fachwerkhaus Deutschlands, der Abteihof St. Marien von 1320/21 in der Kirchstraße. Oberhalb des Ortes sei erstmal nur der auffällige romanische Glockenturm aus dem 12. Jh. erwähnt, während man die Ruine der Niederburg und die imposante Matthiaskapelle auf der folgenden Etappe noch ausführlich wird würdigen können.

3.45 Std.
11,6 km

Von Kobern-Gondorf nach Winningen

23

Eine Herberge für den Kopf des Matthias

Der erste Anstieg führt in kurzer Folge zur stimmungsvollen Ruine der Niederburg und zur sechseckigen Matthiaskapelle. Bewaldete Täler und die offene Feldflur prägen das Bild der Wanderung. Aus dem romantischen Belltal folgen ein kerniger Aufstieg über schroffe Felsen, ein prächtiger Ausblick und eine ungewöhnliche Einkehrmöglichkeit.

Ausgangspunkt: Kobern-Gondorf. Erreichbarkeit: Mit der Regionalbahn ab Koblenz oder dem Auto über die B 416.
Endpunkt: Winningen. Rückfahrt nach Kobern-Gondorf mit der Regionalbahn ab dem Bahnhof Winningen.
Höhenunterschied: Auf- und Abstieg 450 m.
Anforderungen: Mittel. Ständiges Auf und Ab über steile, naturnahe Wege erfordern Trittsicherheit und Kondition. Achtung: Loses Geröll kann tückisch sein.
Einkehr: Autobahn-Raststätte Moseltal.
Unterkunft: **Kobern-Gondorf:** Siehe Etappe 22. – **Winningen:** Weingasthaus Zum Fährhof, Fährstraße 16, 56333 Winningen, Tel. +49 2606 92010, faehrhof-winningen.de; Hotel Moselblick, An der B 416 (Inselweg), 56333 Winningen, Tel. +49 2606 920810, hotel-moselblick.de.
Information: **Kobern-Gondorf:** Büro für Touristik und Kultur, Lennigstr. 12–14, 56330 Kobern-Gondorf, Tel. +49 2607 1055, kobern-gondorf.de. – **Winningen:** Siehe Folgeetappe.
Wanderkarte: Freizeitkarte Moselsteig (1:25.000), Karte 3: Zell – Koblenz.

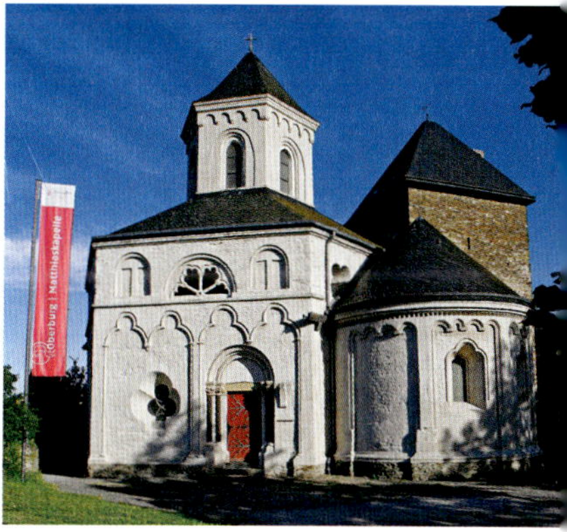

Matthiaskapelle, Kobern-Gondorf.

Die vorletzte Etappe des Moselsteigs beginnt oberhalb des Ortskerns von **Kobern (1)**. Nachdem man der Hauptstraße (Mühlengraben) ins Tal hinein folgt, zweigt der Moselsteig rechtsseitig ins Mühlental ab. Hier darf man nach kurzer Wegstrecke den Kreuzweg nicht verpassen, der Sie in sportlicher Manier nahe an die **Niederburg (2)** heranführt. Von hier oben hat man einen fantastischen Ausblick auf das Doppelstädtchen Kobern-Gondorf, eine wahre Perle der Untermosel. Die Niederburg selbst, deren Name in Verbindung mit der älteren und weiter oben gelegenen **Oberburg** stehen muss, wurde erstmals 1195 in einer schriftlichen Quelle erwähnt.
Die mandelförmige Anlage wurde von der Familie von Isenburg-Kobern auf Resten römischer Befestigungen errichtet. Während des Pfälzischen Erb-

folgekrieges im Jahr 1688 wurde sie von französischen Truppen König Ludwigs XIV. zerstört.

Der nun folgende Aufstieg zur Matthiaskapelle verläuft auf einem steinigen Pfad durch uraltes Weinland. Die wunderschöne Aussicht und die markanten Stationen des Kreuzweges in Form kleiner Häuschen vervollkommnen das pure Wanderglück, das sich angesichts der spätromanischen **Matthiaskapelle (3)** doch noch steigern lässt. Die sechseckige Kapelle wurde im 13. Jahrhundert von Heinrich II. als Aufbewahrungsort für den Kopf des Apostels Matthias erbaut. Er hatte die Reliquie von einem Kreuzzug mit an die Mosel gebracht. Sie befindet sich allerdings schon seit 1347 nicht mehr in Kobern, sondern erhielt nach längerer Zwischenlagerung im Trierer Dom schließlich in der Abtei St. Matthias (ebenfalls in Trier) Obdach.

Hinter der Kapelle zieht es den Moselsteig ins idyllische Waldtal des **Hohesteinsbachs**, in dem nach etwa 1 km eine Schutzhütte mit einem Sauerbrunnen überrascht. Wenig später quert man dann auch den Bachlauf, wo der Weg die Richtung ändert und talauswärts schwenkt. Leider endet hier auch der naturnahe Weg. Die ebenmäßige Asphaltstrecke endet genauso urplötzlich wie sie einsetzte, denn der Moselsteig zweigt nach etwa 200 m links bergan ab. Er tut dies zu seinem Gedächtnis in alpiner Manier. Unterwegs stehen Bänke zur kurzen Rast bereit und kurz vor dem Gipfel tröstet noch einmal ein phänomenaler Ausblick auf das Moseltal bei Kobern-Gondorf über die Wandermühen hinweg. Rosenberg nennt sich die Höhe, an dessen Steillage der »Koberner Weißenberg« reift.

Der Mosel den Rücken kehrend erklimmt der Moselsteig den niederen Hangwald, um sich vor dem großen Feld nach links zu wenden. Im Zickzack

Ruine der Oberburg, Kobern-Gondorf.

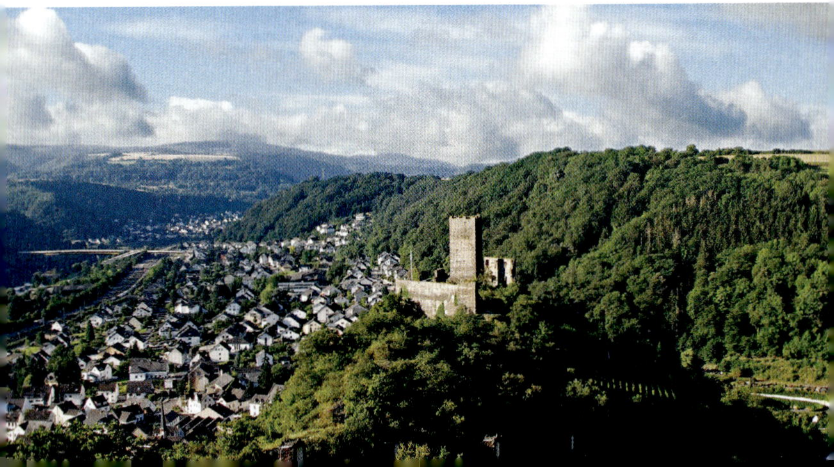

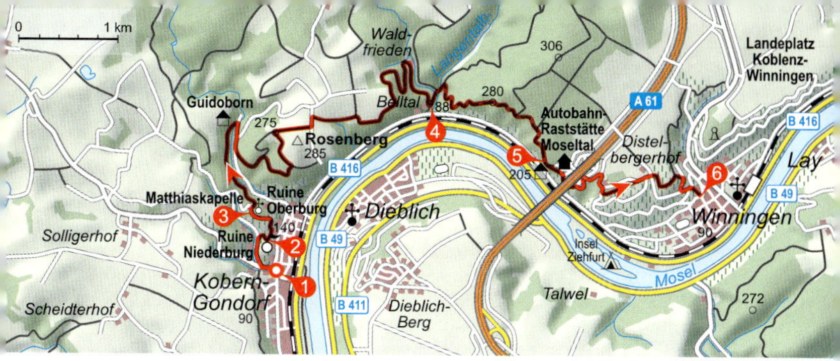

folgt der Weg den Waldeinschnitten und quert später linker Hand kühn die offene Landschaft. Doch schon kurz danach scheint der Moselsteig wieder den Schutz des Waldsaums zu suchen, bevor er an der bewaldeten Flanke des engen **Belltals (4)** rasant abwärts stößt. Mehrfach ändert er dabei bis zum Talgrund die Richtung, doch erst beim Gegenanstieg auf der anderen Talseite schlägt er kurze Haken und schraubt sich dabei so steil empor, dass man sich besser nicht umdrehen und talwärts blicken sollte. Bei feuchter Witterung ist auf diesem Teilstück Vorsicht geboten!

Das enge Kerbtal trennt übrigens zwei namensgleiche Weinlagen, den Koberner vom Winninger Uhlen, der sich, wenn Sie die Höhe vollends gemeistert haben, weit unter Ihnen befindet. Um die spektakuläre Steillage in Augenschein zu nehmen, müssen Sie dem Moselsteig nun abwärts bis zur **Schutzhütte (5)** folgen. Von hier sieht man dann auch die riesige Autobahnbrücke, die sich bei Winningen über das Moseltal spannt. Bevor es durch die Weinberge nach Winningen hinuntergeht, wartet nun noch eine Besonderheit auf Sie, die Wanderungen generell nur selten bieten können. Sie durchwandern nämlich eine echte Autobahnraststätte, selbstverständlich mit Einkehrmöglichkeit. Wer sich diesen Spaß entgehen lassen möchte, bleibt im Wald und kreuzt die Autobahn etwas weiter landeinwärts.

Der Moselsteig bleibt nun zunächst auf der Höhe und folgt beim Verlassen des Waldes dem Saumweg nach links. Erst am Reiterhof strebt er dann durch die Domgarten-Lage talwärts nach **Winningen (6)**. Im Etappenort erwarten Sie prächtige Bürgerhäuser und Gutshöfe, die von der langen und erfolgreichen Weinbautradition zeugen.

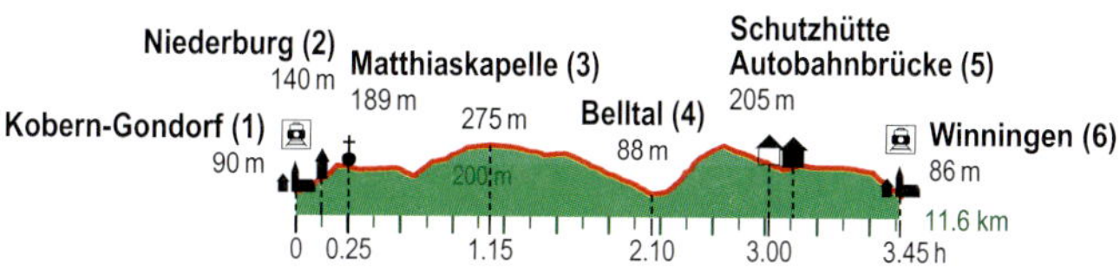

24 Von Winningen nach Koblenz (Deutsches Eck)

3.30 Std.
14,3 km

Durch die Steillagen der Terrassenmosel

Der fulminante Schlussakkord des Moselsteigs führt Sie zunächst durch die steilen Weinlagen der Terrassenmosel, bevor Sie ab Koblenz-Güls die Gelegenheit haben, dem Lauf der Mosel im großstädtischen Ambiente zu folgen. Wenn Sie bis zur Mündung »durchhalten«, setzt das Kaiserdenkmal am Deutschen Eck Ihrer anspruchsvollen Fernwanderung buchstäblich die Krone auf.

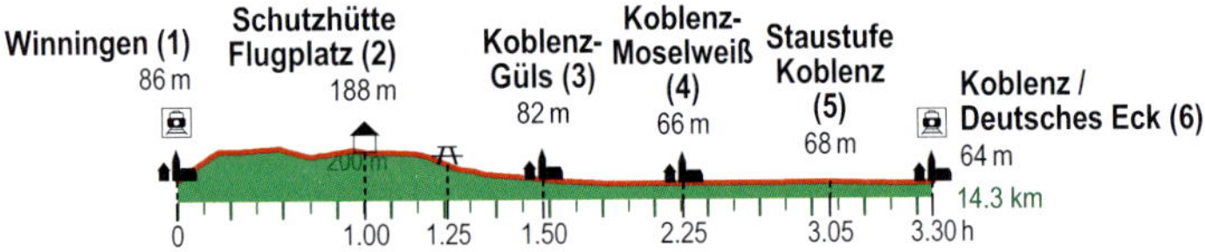

Ausgangspunkt: Winningen. Erreichbarkeit: Mit der Regionalbahn ab Koblenz, mit dem Auto über die B 416.
Endpunkt: Koblenz-Güls, Gülser Brücke bzw. Koblenz, Deutsches Eck. Rückfahrt nach Winningen mit der Regionalbahn ab Bahnhof Koblenz-Güls oder Hauptbahnhof Koblenz.
Höhenunterschied: Aufstieg 150 m, Abstieg 170 m.
Anforderungen: Leicht. Wanderung ohne große Höhendifferenzen. Ab der Gülser Brücke drohen Verkehrslärm und Asphalt. Wenig Schatten.
Einkehr: Güls, Moselweiß.
Unterkunft: Winningen: Siehe vorherige Etappe. – **Koblenz:** Trierer Hof, Clemensstraße 1, 56068 Koblenz, Tel. +49 261 10060, triererhof.de; Hotel und Weinstube Kornpforte, Kornpfortstraße 11, 56068 Koblenz, Tel. +49 261 31174, hotel-kornpforte.de.
Information: Winningen: Touristik Winningen e.V., im Rathaus Winningen, August-Horch-Straße 3, 56333 Winningen, Tel. +49 2606 2214, winningen.com. – **Koblenz:** Tourist-Information im Forum Confluentes, Zentralplatz 1, 56068 Koblenz, Tel. +49 261 1291610, koblenz-touristik.de.
Wanderkarte: Freizeitkarte Moselsteig (1:25.000), Karte 3: Zell – Koblenz.

Der Zuweg bringt Sie aus dem Ortskern zum Moselsteig in den Weinbergen oberhalb von **Winningen (1)**. Am Waldrand rechts erfolgt nun der steile Serpentinenaufstieg zur Domgartenhütte mit herrlichem Ausblick über den traditionsreichen Weinort. Nach weiteren 250 m erreichen Sie den Feldweg an der Hangkante, der mit einem kleinen Schlenker zu einem weiteren Aussichtsposten führt. Feldwärts begleitet die Autobahn A 61 den Wanderer, der sich dann aber rechter Hand Richtung Gewerbegebiet und Flugplatz verabschieden darf. Man merkt unweigerlich, dass der Weg seinem Ende entgegeneilt und die urbane Metropole Koblenz dem Naturfreund ihre Schatten vor die Füße wirft. Nichtsdestotrotz befindet man sich noch im Moseltal und auch Koblenz selbst wird sich im weiteren Verlauf des Tages noch eindrucksvoll von seiner schönen Seite zeigen.

Vor dem Flugplatz wendet sich der Moselsteig nach rechts und leistet für gut 350 m der Landstraße Gesellschaft, bevor er linker Hand in einen ansteigenden Wirtschaftsweg einmündet. An der Weggabel links haltend erreichen Sie die Weinberge, wo Sie dem Waldsaumweg bis zum Rastplatz folgen. Wieder führt der Weg kurzzeitig in den Wald und leitet an einem Gedenkstein für die Opfer der Hexenverbrennung vorbei. Am Waldrand entlang kommt man schließlich ganz nah an den Airport Koblenz-Winningen heran und kann möglicherweise einen Start oder eine Landung beobachten. Unterhalb der Straßenbiegung lädt eine **Schutzhütte (2)** zur Rast ein.

Auf dem Weinhexweg beschreibt der Moselsteig nun die vielleicht schönste Passage des Tages, denn von hoch oben bietet sich letztmalig das unbeschreibliche Moselpanorama. Noch einmal wird die schwere Arbeit des Steillagenwinzers mit großem Respekt goutiert. Gut erkennt man die

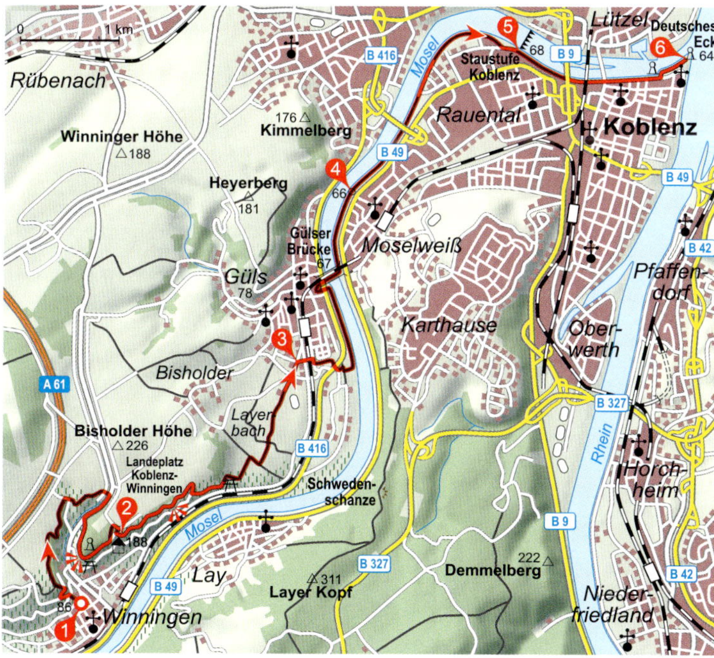

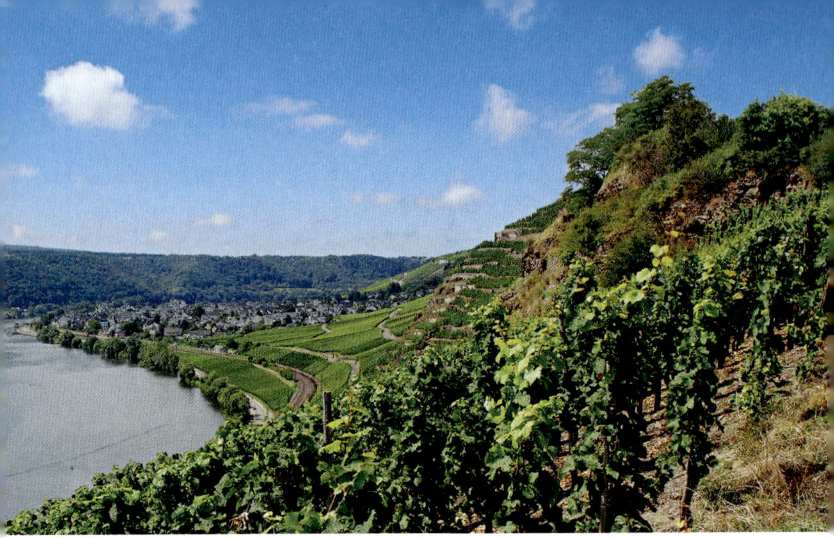

Weinberge bei Winningen.

Trockenmauern der sogenannten Terrassen-Mosel, ein wahrlich abenteuerliches Terroir. Auf der Höhe von Lay befinden Sie sich oberhalb der Weinlage Winninger Röttgen. Der Name kommt von »roden« und impliziert damit den enormen Arbeitsaufwand bei der Nutzbarmachung für den Weinbau. Der ursprünglich blau-graue Schieferfelsen färbt sich nach wenigen Jahren durch Oxidation des im Gestein enthaltenen Eisen- und Mineralgehaltes rostbraun. Das wiederum bedeutet, dass das Gestein im Urmeer entstanden ist und die Sedimente in Jahrmillionen zum Röttgenschiefer verbacken wurden.

i Terrassen-Mosel

Steillagenweinbau hat an der Mosel eine sehr lange Tradition. Vor etwa 1000 Jahren entdeckten die Winzer die besonderen Wärmespeicherungseigenschaften schroffer Felswände, welche die Trauben besser und schneller reifen ließen. Um dies zu nutzen, begann man den Fels zu brechen und zu Trockenmauern zu schichten. Dabei entstand die für die Untermosel so typische Landschaftsform. Es wurden weder Mörtel noch Beton verwendet, sodass allein die Perfektion des Aufschichtens des Gesteins dazu führt, dass die Mauern über Jahrhunderte hielten. Die Hohlräume zwischen den Mauern und dem dahinterliegenden Erdreich wurden mit Stein verfüllt, was eine optimale Wasserführung bewirkte. Um den Druck auf besonders stabile Felsformationen zu verlagern, wurden an einigen Stellen Bögen eingearbeitet.

In Sichtweite des Waldes beschreibt der Weg eine S-Kurve und strebt auf höhenmäßig niedrigerem Niveau flussabwärts.
Schon kurz nach dem schön gelegenen Rastplatz verändert sich das Landschaftsbild sehr abrupt. Die Weinberge bleiben zurück und Streuobstwiesen und Felder gewinnen die Oberhand. Nach sanftem Abstieg erreicht man den Sportplatz in **Koblenz-Güls (3)**, und am Großheiligenhäuschen aus dem 17. Jahrhundert befällt einen dann das Gefühl, es sei vorbei. Erst recht, wenn sich wenig später die so vertrauten Wegzeichen des Moselsteigs endgültig verabschieden. So aber kann man es nicht enden lassen, insbesondere nicht in dem Wissen, dass sich die Mosel noch ein ganzes Stück um Koblenz herumschlängelt. Ich persönlich empfehle Ihnen daher, die Mosel nun auch noch die letzten knapp 5 km bis zum Deutschen Eck zu begleiten, eine Zugabe, die sich in jedem Fall lohnt.
Wer dem Vorschlag folgt, quert die Mosel an der Gülser Brücke. Vom anderen Ufer in **Moselweiß (4)** wirkt die Eisenbahnbrücke von 1878 dann auch noch viel imposanter. Auch sie war Teil der Kanonenbahn (Berlin–Metz), die Ihnen unterhalb des Prinzenkopfturms (Etappe 14) schon einmal begegnet ist.
Nun führt der Weg immer direkt am Fluss entlang, der leider bis zur großen Autobrücke von einer stark befahrenen Straße flankiert wird. Es sollte aber nicht allzu sehr beeindrucken, wenn man den Blick nach links zur Mosel wendet. Später durchwandern Sie Grünanlagen, passieren die **Staustufe Koblenz (5)** und befinden sich kurz danach bereits auf Höhe der Altstadt von **Koblenz**, der man unbedingt einen ausgiebigen Besuch abstatten sollte. Zuerst muss man aber auf jeden Fall zum **Deutschen Eck (6)**, um sich von seinem Fluss gebührend zu verabschieden.

Blick über die Mosel auf Lay.

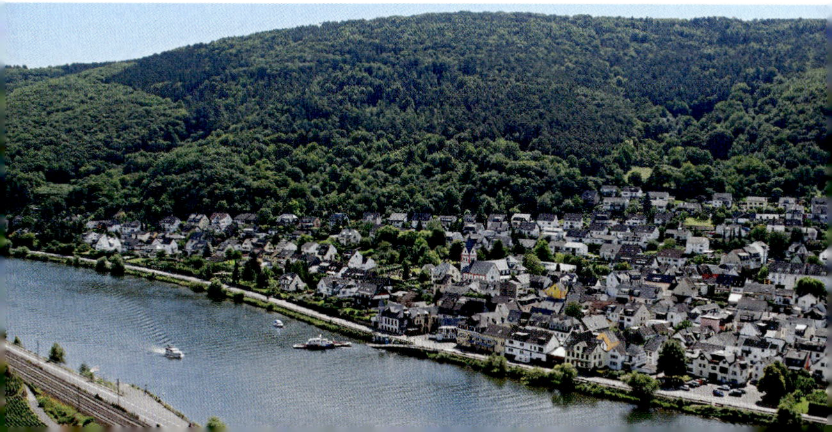

Stadtporträt: Koblenz

Das am Endpunkt des Moselsteigs gelegene Koblenz ist mit seinen über 113.000 Einwohnern neben Trier die einzige Großstadt am deutschen Moselufer. Es wird angenommen, dass der Name der Stadt von den Römern stammt, die das am Zusammenfluss von Rhein und Mosel liegende Kastell Castellum apud Confluentes nannten, wenngleich die Koblenzer Geschichtsschreibung zu berichten weiß, dass dort schon zuvor eine keltische Siedlung existierte, die den Namen Condate trug. Überhaupt lassen sich Siedlungsaktivitäten im Koblenzer Raum seit der mittleren Steinzeit (ca. 9000 v. Chr.) nachweisen. Nichtsdestotrotz war es aber zunächst der Einfluss der Römer, der dem fruchtbaren und verkehrstechnisch so günstig gelegenen Ort zu wirtschaftlicher und politischer Macht verhalf. Wichtig dafür war nicht nur die exponierte Flusslage, sondern auch, dass die wichtige Straße von Mainz über Köln nach Xanten Koblenz passierte.
Nach dem Untergang des Römischen Reiches im 5. Jahrhundert wurde Koblenz unter fränkischer Herrschaft zur Königspfalz. In diese Zeit fiel auch der Bau der Kastorkirche (817–836) durch den Trierer Erzbischof Hetti. Die Kirche, die 1991 in den Stand einer Basilika erhoben wurde, gehört seit 2002 zum UNESCO-Welterbe Kulturlandschaft Oberes Mittelrheintal. 1018 wurde die bis dahin »reichsunmittelbare« Stadt durch Schenkung Kaiser Heinrichs II. dem Kurstaat Trier zugeschlagen und ab 1690 kurfürstliche Residenz. Die Trierer Herrschaft wurde schließlich Ende des 18. Jahrhunderts von den Franzosen beendet und Koblenz von 1794 bis 1814 Hauptstadt eines französischen Departements. Danach war sie bis zum Ende des Zweiten Weltkriegs Hauptstadt der preußischen Rheinprovinz.
Wenn Sie heute durch Koblenz spazieren, entdecken Sie eine Reihe interessanter Gebäude und Plätze. Allen voran sicher das Deutsche Eck, die künstlich aufgeschüttete Landzunge an der Moselmündung. Das dort zu besichtigende Reiterstand-

Blick auf das Deutsche Eck.

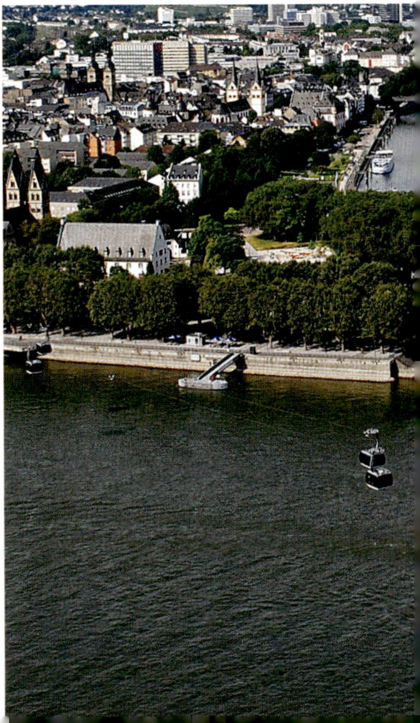

bild von Kaiser Wilhelm I. wurde 1897 errichtet, 1945 aber von amerikanischen Soldaten vom Sockel geschossen. Erst nach der deutschen Wiedervereinigung kehrte der Kaiser zurück.

Auf der anderen Rheinseite thront die Festung Ehrenbreitstein. Die zeitweilige Logis der Trierer Kurfürsten diente seit dem 16. Jahrhundert als kurtrierische und später preußische Befestigungsanlage. Zwischenzeitlich wurde sie von den französischen Truppen geschleift. In unmittelbarer Nähe des Deutschen Ecks befinden sich die schon angesprochene Basilika St. Kastor und das Deutschordenshaus, in dem das Ludwigmuseum für moderne Kunst untergebracht ist. Jenes Deutschordenshaus war im Mittelalter die Komturei des deutschen Ritterordens. Weitere ausgewählte Sehenswürdigkeiten sind das Rathaus am Jesuitenplatz aus dem 17. Jahrhundert, das Dreikönigenhaus (1701), das gegenüberliegende Krämer-Zunfthaus (1709) und natürlich das Kurfürstliche Schloss. Seit der Bundesgartenschau 2011 ist Koblenz um eine Attraktion reicher: die Seilbahnverbindung über den Rhein zur Festung Ehrenbreitstein. Die Koblenzer Weinlagen an der Mosel konzentrieren sich um die Stadtteile Güls, Moselweiß und Lay.

Weinlagen (Mosel): Gülser/Metternicher Marienberg, Gülser Bienengarten, Gülser Königsfels, Moselweißer/Layer Hamm, Layer Hubertusborn.

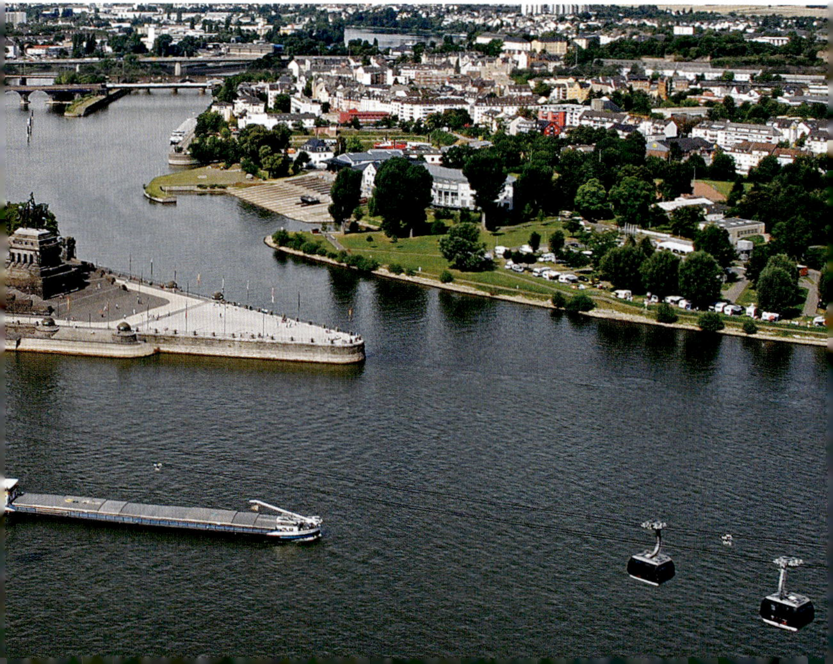

Stichwortverzeichnis

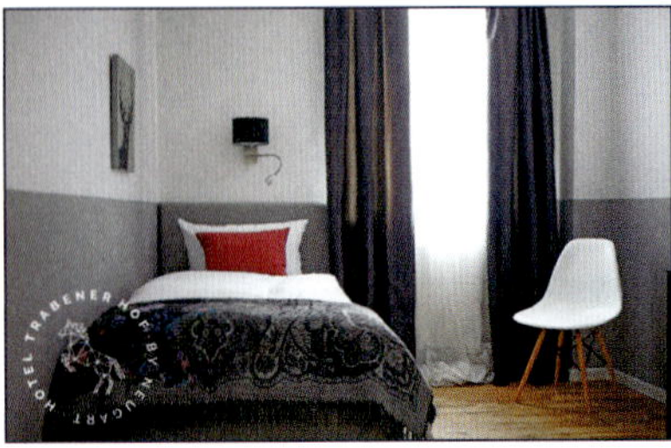
HOTEL TRABENER HOF BY NEUGART

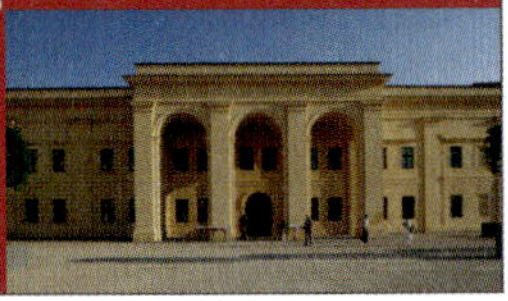

Umschlagbild: Blick von der Zummethöhe.

Bild im Innentitel: Moseldampfer.

Bild im Inhaltsverzeichnis: Ein typischer Gleithang im Moselland.

Bild auf Seite 26/27: Die Mosel bei Piesport.

Alle Fotos stammen vom Autor.

Kartografie:
24 Wanderkärtchen im Maßstab 1:75.000
(gezeichnet von Barbara Häring, Gröbenzell, und Heinz Muggenthaler, Regen), © Bergverlag Rother GmbH, München;
zwei Übersichtskarten im Maßstab 1:600.000 und 1:1.000.000,
© Freytag & Berndt, Wien

Werk-Nr.: 4433

4., aktualisierte Auflage 2024

ISBN 978-3-7633-4774-2

FSC www.fsc.org MIX Papier | Fördert gute Waldnutzung FSC® C147178

Wir freuen uns über jeden Korrekturhinweis zu diesem Wanderführer!
Bitte per E-Mail an: leserzuschrift@rother.de

ROTHER BERGVERLAG · München
D-82041 Oberhaching · Keltenring 17 · Tel. +49 89 608669-0 · rother.de